Darius Martinsen

Ihre erste Wohnmobil-Reise

–Unterwegs leben –

Inhalt

Vorwort

Der Campingplatz ist Ihnen bereits ein lieb gewonnener und vertrauter Ort geworden – vielleicht haben Sie dort Freunde in ihrem mobilen Zuhause oder selbst Ihre Zelte dort aufgeschlagen, um für einige Zeit dem Alltag und dem Wohlbekannten zu entfliehen und der Natur während der Urlaubszeit ein Stück näher zu sein.

Allerdings bietet der Campingurlaub im Zelt nicht allzu viel Komfort: Der Boden ist auch mit Luftmatratze nicht wirklich bequem und der einfache Gaskocher bietet nur begrenzte Möglichkeiten für die Zubereitung abwechslungsreicher und gesunder Mahlzeiten.

Sie sind Eltern geworden und möchten dennoch nicht auf die Ungezwungenheit und Freiheit eines Campingurlaubs verzichten? Oder Sie haben »Familienzuwachs« durch einen Hund bekommen? Diese und viele andere Gründe sprechen dafür, sich für den Kauf eines Wohnmobils, eines Wohnwagens oder für ein Dachzelt zu entscheiden – je nach Ihren individuellen Vorstellungen und Ihrer persönlichen Situation.

Steigen Sie mit diesem Ratgeber in die Planung Ihrer Campingtour ein, und verbringen Sie eine unvergessliche Zeit – ob alleine, mit PartnerIn oder der Familie. Und übrigens: Frühling, Sommer und der frühe Herbst sind nicht die einzige Zeit, um zu campen. In der Rubrik Wintercamping – Camping vor schneeweißer Kulisse, in Schnee und klirrender Kälte – erfahren Sie alles über ein ganz besonderes Urlaubserlebnis und können sich inspirieren lassen zu einem ganz besonderen Weihnachtsurlaub. Und wer weiß? Vielleicht beobachten Sie ja schon in der kommenden kalten Jahreszeit die Polarlichter in Schweden oder Norwegen? Eines ist ganz sicher: Auf den eigenen vier Rädern mit angeschlossener Wohneinheit steht uns die Welt offen wie nie zuvor. Zu jeder Jahreszeit, ohne zu frieren – und mit ziemlich viel Komfort.

Lassen Sie uns das Abenteuer hiermit beginnen!

Warum zieht es uns in die Natur?

Die meisten kennen das Gefühl: Der Alltag ist bestimmt von Terminen, Verpflichtungen und gesellschaftlichen Konventionen. Selbst wenn wir mal nichts im Kalender stehen haben, verbringen wir unsere Zeit damit, uns selbst zu optimieren und anderen zu gefallen zu wollen. Die Möglichkeiten des Social-Media-Zeitalters sind dabei Segen und Fluch zugleich: Zum einen können Sie mit weit entfernten Freunden und Familienmitgliedern in Verbindung bleiben, an deren Leben teilhaben, wie auch sie in Ihr Leben einbinden. Auf der anderen Seite setzen uns diese Möglichkeiten schnell unter einen gewissen Druck, auf alles reagieren und zu allem mindestens ein Like, besser noch ein gutes Wort haben zu müssen.

Und dann sind da ja auch noch die ganz realen Menschen in Ihrem unmittelbaren beruflichen und privaten Umfeld, die ebenfalls ihre Bedürfnisse haben und Ihre Aufmerksamkeit einfordern. Es ist also nicht verwunderlich, wenn Ihnen das eines Tages alles zu viel wird und Sie nur noch einen Wunsch verspüren: einfach mal Ruhe und Zeit für sich selbst haben; ohne Ablenkung durch den hektischen Alltag und höchstens in Begleitung von PartnerIn und/oder Kindern; zur Besinnung kommen und die Welt als ruhigen und angenehmen Ort wahrnehmen. Und wo könnte Ihnen das besser gelingen als in der Natur?

Doch nicht nur die Wahrnehmung der Welt um Sie herum, sondern auch die Wahrnehmung Ihrer selbst gelingt viel besser, wenn Sie sich auf das Elementare besinnen. So ist es auch der absolut berechtigte Wunsch vieler Eltern, dass ihre Kinder sich draußen beschäftigen und dabei mit allen Sinnen sowohl sich in ihrer Selbstwirksamkeit als auch die Vielfalt und die Schönheit der Natur wahrnehmen können.

Ein Campingurlaub bietet für all diese Wünsche und Bedürfnisse die besten Voraussetzungen!

Wählen Sie das passende Fahrzeug

Sie haben sich bereits einen ersten Überblick verschafft, welche Arten von Mobilheimen es auf dem Markt gibt – nun stehen Sie vor der großen Auswahl. Im Folgenden können Sie sich einen Überblick über die Vor- und Nachteile von Wohnmobilen, Wohnwagen (Caravans) und Dachzelten verschaffen, die für Sie richtige Kaufentscheidung treffen oder Mietangebote einholen.

So schätzen Sie Vor- und Nachteile von Wohnmobilen ab

Ein großer Vorteil des Wohnmobils liegt unzweifelhaft in der größeren Spontaneität: Im Gegensatz zu einem Wohnwagen muss es nicht erst an ein Zugfahrzeug angekoppelt werden, sondern lässt sich ganz schnell mit dem benötigten Gepäck bestücken, und schon geht die Reise los. Außerdem sind Sie mit einem Wohnmobil so flexibel und wendig, dass Sie Stellplätze anfahren können, auf denen ohne Weiteres eine Pause oder sogar eine Übernachtung eingelegt werden kann.

Bedenken Sie: Wie so oft im Leben können die Dinge auch auf einer Reise ganz anders kommen als gedacht: Vielleicht haben Sie in einem Stau viel Zeit verloren oder wegen der Kinder häufiger pausiert als ursprünglich geplant. Unter solchen oder ähnlichen Umständen kann es eine wahre Wohltat sein, einfach einen Stellplatz anzufahren, den Motor abzustellen und den Tag in Ruhe ausklingen zu lassen. Küche und Essbereich sind gleich parat und laden zu einem gemütlichen Tagesabschluss ein.

Viele Wohnmobilstellplätze sind angeschlossen an Bauernhöfe, Gasthäuser oder an ein Weingut – eine Besonderheit, die sich entweder in die Tour einplanen oder spontan nutzen und genießen lässt! Andere wiederum liegen direkt am Meer, sodass Sie den Blick weit bis zum Horizont schweifen lassen können.

Ein Nachteil des Wohnmobils liegt in längeren Aufenthalten, insbesondere auf Campingplätzen. Wohnmobile sind auf Campingplätzen nicht immer gerne gesehen, da sie für Unruhe auf dem Platz sorgen können: Mit einem Wohnmobil sind spontane Ausflüge oder Einkaufsfahrten nur mit »Sack und Pack« möglich, und an- und abfahrende Wohnmobile sind dem Bedürfnis nach Ruhe und Erholung anderer Platzbewohner nicht gerade zuträglich. Insbesondere, wenn es mehrmals täglich derartige Manöver gibt.

Ein weiterer Nachteil beim Reisen mit dem Wohnmobil ist das Fehlen der Möglichkeit, dass die Reisegruppe einmal etwas getrennt voneinander unternimmt. Gerade mit älteren Kindern im Jugendalter kann es ungeahnte Entspannung in den Familienalltag bringen, wenn die Teenies nicht an allen Aktivitäten teilnehmen müssen, sondern ein paar Stunden allein auf dem Campingplatz verbringen und »chillen« können. Diese Möglichkeit ist eher in einem Caravan gegeben, der auf dem Campingplatz bleiben kann, während das Zugfahrzeug für einen Ausflug genutzt wird.

Ob das Wohnmobil einen Vorteil in Sachen Platzverbrauch im Straßenverkehr bietet, hängt natürlich von der Wahl des Modells ab. Die Auswahl reicht von kompakten Modellen für zwei bis drei Personen bis hin zu großzügig geschnittenen Fahrzeugen, in denen sich bis zu sechs Personen aufhalten und schlafen können. Je nach Modell und Größe gibt es fest installierte und somit immer verfügbare Betten, sodass ein Teil der Familie oder Reisegruppe sich zur Ruhe begeben kann, während andere noch die verbleibenden Sitzgelegenheiten inklusive Tisch nutzen können, ehe auch diese mit wenigen Handgriffen zu einer bequemen Schlafgelegenheit umgebaut werden.

Beim Thema Parken bietet das Wohnmobil einen klaren Vorteil: Anders als ein Caravan kann es auf den meisten Parkplätzen abgestellt und theoretisch auch als Alltagsfahrzeug genutzt werden und benötigt daher nicht zwingend eine eigene Garage, ein Carport oder Ähnliches, um sicher untergestellt zu werden.

So schätzen Sie Vor- und Nachteile eines Wohnwagens (Caravan) ab

Ein Caravan ist häufig günstiger in der Anschaffung und auch im Unterhalt als ein Wohnmobil. Da er keinen eigenen Motor und weniger Verschleißteile besitzt, fallen nicht so viele Reparaturen an – und auch Steuer und Versicherung fallen weniger ins Gewicht. Am Urlaubsort angekommen kann der Wohnwagen von seinem Zugfahrzeug entkoppelt werden und sozusagen als Basis auf dem Campingplatz verbleiben, während der Pkw für Ausflüge in die Umgebung oder Einkaufsfahrten genutzt werden kann.

Viele Outdoor-Fans entscheiden sich auch für einen Dauerstellplatz in naturnaher Umgebung, nicht weit von zu Hause entfernt, sodass sie in überschaubarer Zeit zum Campingplatz fahren und ein erholsames Wochenende verbringen können – ein klarer Vorteil gegenüber dem Wohnmobil, das für die Fahrt zwischen Urlaubsort und zu Hause benötigt wird.

Der feste Stellplatz und die damit verbundene ständige Verfügbarkeit machen Sie allerdings wesentlich weniger spontan: Man kann nicht mal eben den Ort wechseln, wenn einem danach ist. Die meisten Stellplätze speziell für Wohnmobile eignen sich aus Platzgründen nicht für Ihren Caravan und den Pkw. Sollten Sie also den Ort wechseln wollen, müssen Sie das gut planen und organisieren.

Wer noch nie zuvor einen Wohnanhänger am Pkw hatte, tut gut daran, auf einer ruhigen Strecke das Parken und Rückwärtsfahren zu üben, um ein Gespür für das Gespann zu entwickeln. Das Fahrgefühl ist ein völlig anderes als mit einem beliebigen anderen Anhänger oder einem Wohnmobil – und wer ohne jede Übung und Vorbereitung losfährt, riskiert die ein oder andere Schramme.

Die Länge des Gespanns kann auch das Fahren in Großstädten oder auf kleinen, engen Straßen ganz schön schwierig machen: Das Fahren und Rangieren bei engen, unübersichtlichen Verhältnissen erfordert mitunter starke Nerven.

So schätzen Sie Vor- und Nachteile von Dachzelten ab

Ähnlich wie ein Wohnmobil bietet ein Dachzelt ein hohes Maß an Flexibilität und Spontaneität. Dafür wird ein Dachgepäckträger benötigt, auf dem der Unterbau und das Zelt montiert werden. Selbstverständlich muss hier die maximal zulässige Dachlast berücksichtigt werden. Sie tendieren vor allem zum Wildcampen? Dann sind Sie mit einem Dachzelt gut beraten. Wenn Sie einen Ort gefunden haben, an dem Sie bleiben möchten und dürfen (mehr dazu im Kapitel Wildcampen), können Sie einfach Ihr Fahrzeug abstellen, das Zelt einsatzbereit machen, und schon geht der

Urlaub los. Anders als im Caravan oder im Wohnmobil (sofern es kein »Dachgeschoss« hat) haben Sie im Dachzelt aus einer erhöhten Position einen wunderbaren Ausblick auf die Umgebung.

Wenn das Dachzelt eingeklappt ist, kann der Pkw ohne weitere Umstände überall wie gewohnt geparkt werden – eine große Erleichterung für Ausflüge in die Stadt.

Eine weitere Variante kann vor allem für ältere Kinder bzw. Jugendliche reizvoll sein: Ein Dachzelt, das auf Ihrem Wohnmobil oder Pkw montiert wird, bietet dem allmählich flügge werdenden Nachwuchs eine gewisse Autonomie. Man denke dabei an Jugendliche, die zwar noch nicht ganz alleine wegfahren können oder wollen, aber eben auch nicht mehr den ganzen Tag bei den Erwachsenen sein möchten. Während sich Ihr Campingalltag hauptsächlich im Wohnmobil oder Caravan abspielt, kann Ihr Nachwuchs im Dachzelt seinen Freiraum haben und eine gute Zeit mit Geschwistern oder Freunden verbringen.

Auch für einen gemeinsamen Urlaub mit Freunden bietet ein Dachzelt sowohl zusätzliche Schlafplätze als auch die Möglichkeit zum privaten Rückzug und persönlichen Freiraum.

Zusätzlich bieten manche Dachzelte noch die Möglichkeit, ein Vorzelt zu montieren.

Ein Nachteil hingegen liegt bei der Montage des Zeltes auf dem Fahrzeugdach. Für eine Einzelperson ist es nahezu unmöglich, das ohne Hilfe zu schaffen. Allein schon aufgrund der Arbeitshöhe werden für die Montage des Unterbaus und des Zeltes selbst mindestens drei, besser noch vier Personen benötigt.

Und: Ähnlich wie bei einem Wohnmobil auf dem Campingplatz muss alles abgebaut und eingepackt werden, wenn man mit dem Pkw irgendwohin möchte. Aus schon genannten Gründen wird es zudem nicht gerne von anderen Campern gesehen, wenn An- und Abfahrt häufig über den Platz erfolgen. Hier ist es sicher eine Überlegung wert, für Ausflüge und Kurzstrecken ein Fahrrad dabeizuhaben oder sich vor Ort eines zu leihen (mehr dazu in der Rubrik Nachhaltigkeit).

Die Höhe der Matratze im Dachzelt unterscheidet sich von einer herkömmlichen Matratze: Damit das Dachzelt nach Gebrauch auch wieder problemlos eingepackt werden kann, sind hier kleine Abstriche notwendig. Dies muss jedoch nicht unbedingt ein Nachteil sein. Je nach persönlichen Vorlieben und Schlafgewohnheiten kann eine weniger dicke Matratze mitunter auch sehr angenehm sein – und wird dadurch auch gut belüftet.

Stichwort Belüftung: Bei einem Dachzelt können tagsüber über Reißverschlüsse die Türen und Wände geöffnet werden, was für eine sehr gute Luftzirkulation sorgt. Zusätzlich gibt es bei vielen Modellen auch einen solarbetriebenen Lüfter, der auch über Nacht für eine gute Belüftung sorgt.

Die Liste der Vor- und Nachteile bei allen mobilen Behausungen ist sicher noch beliebig erweiterbar und hängt neben Ihren persönlichen Vorlieben noch von vielen weiteren Faktoren ab: von der Größe und Zusammensetzung der Reisegruppe (Familie mit größeren oder kleineren Kindern, Freunde, die zusammen Urlaub machen, oder auch als Single), von der Strecke, die zurückgelegt werden soll, wie lange Sie unterwegs sein wollen und von Ihrem Budget.

Nun, da Sie sich einen kleinen Überblick zu den verschiedenen Campingbehausungen verschafft haben, widmen wir uns der nächsten Frage:

Kaufen oder mieten?

- Kosten, mit denen Sie rechnen müssen
- Aufwand, den Sie betreiben müssen
- Mögliche Fehler beim Mieten und wie Sie diese vermeiden können

Mietangebote für Wohnmobile

Wenn Sie ein Wohnmobil mieten möchten, macht es Sinn, sich einen Vermieter in Wohnortnähe zu suchen. Sie haben die Möglichkeit, sich im Internet einen gewerblichen oder privaten Anbieter zu suchen. Je nach Ihren persönlichen Vorstellungen, Wünschen und Ihrer Urlaubskasse finden Sie auf dem Markt ein breit gefächertes Angebot an Mietfahrzeugen. Die Ausstattung variiert dabei von einfach und zweckmäßig bis hin zur Luxusvariante:

Es gibt Modelle mit einfacher Kochgelegenheit mit einer einzelnen Gasflamme oder mehreren Kochfeldern, von einem kleinen Kühlschrank bis hin zur Kühl-Gefrierkombination und von überschaubarem bis großzügigen Platzangebot in puncto Stauraum und Schlafgelegenheiten. In den anspruchsvolleren Modellen erwarten Sie häufig auch drehbare Fahrer- und Beifahrersitze, die Möglichkeit zum Fernsehen und ein großzügiger Sanitärbereich mit Dusche, Waschbecken und WC. Ebenfalls gibt es Modelle mit oder ohne Klimaanlage.

Sanitäre Anlagen finden Sie zwar auch in den einfacheren Modellen, in manchen jedoch nur mit WC und Waschbecken. In einigen Wohnmobilen mit gehobener Ausstattung befindet sich sogar eine elektrische Pumpe zur Entsorgung der Campingtoilette.

Ebenfalls in der Ausstattung enthalten sind in der Regel eine Kabeltrommel mit Verlängerungskabel, ein Verbreiterungsspiegel sowie eine 11-Kilo-Gasflasche.

Bei der Anmietung eines Wohnmobils können gegen einen Aufpreis diverse Extras dazu gebucht werden – hier ein kleiner Überblick:

- ☐ Bettensets bestehend aus Kissen, Decken, Bettlaken und Bettwäsche
- ☐ Kindersitze
- ☐ Spielesammlungen
- ☐ Campingmöbel
- ☐ Vorzelte
- ☐ eine zusätzliche Gasflasche
- ☐ Kochutensilien
- ☐ Geschirr
- ☐ zusätzliche Kühlboxen
- ☐ Kaffee Vollautomaten
- ☐ WLAN, WLAN-Verstärker und Telefonflatrate ins D-Netz

Bitte denken Sie daran, dass bei der Anmietung eines Wohnmobils meistens eine Kaution fällig wird, ebenso kann es Mehrkosten verursachen, wenn ein Haustier mitgenommen wird (in einigen Fahrzeugen sind Tiere sogar komplett untersagt). Überprüfen Sie also schon bei der Internetrecherche, ob und zu welchen Konditionen Ihr vierbeiniger Freund mitkommen darf.

Für den Fall, dass Sie Ihren Urlaub nicht antreten können, gelten verschiedene Stornobedingungen, über die Sie sich ebenfalls im Vorfeld informieren sollten. Je nach Anbieter und Saison kann es eine Mindestmietdauer von 10 bis 14 Tagen geben, was Sie bei Ihrer Urlaubsplanung unbedingt berücksichtigen sollten. Die Höhe der Miete ist stark abhängig von der Zeit, in der Sie verreisen möchten – zwischen Haupt- und Nebensaison bestehen teils erhebliche Differenzen. Doch nicht nur davon, sondern auch von der Beschaffenheit, Größe und Ausstattung des Fahrzeuges hängt die Höhe der Miete ab.

Zwei kleine Tipps am Rande: Private Anbieter haben auf diversen Plattformen oft eine größere Auswahl zu günstigeren Konditionen als gewerbliche. Mitglieder eines Automobilklubs erhalten bei vielen gewerblichen

Anbietern einen Rabatt, beachten Sie dafür die Angaben auf der jeweiligen Homepage.

Mietangebote für Wohnwägen

Die Anmietung eines Wohnwagens unterscheidet sich vor allem preislich von den Mietkosten für ein Wohnmobil – was die Art und Beschaffenheit des Mietobjekts, Dauer und Zeitraum der Reise sowie die Ausstattung und zusätzliche Mietoptionen betrifft, gibt es keine wesentlichen Unterschiede: Ebenso wie bei einem Wohnmobil reicht die Art der Ausstattung von einfach bis gehoben, und auch die Größe variiert von Platz für zwei bis hin zu sechs Personen.

Ansonsten gilt es auch hier, mögliche Stornokosten zu beachten, die Höhe der Kaution sowie eine etwaige Mindestmietdauer.

Für einen besseren Überblick hier nochmals die Zusatzoptionen, die dazu gebucht werden können:

- Bettensets bestehend aus Kissen, Decken, Bettlaken und Bettwäsche
- Kindersitze
- Spielesammlungen
- Campingmöbel
- Vorzelte
- eine zusätzliche Gasflasche
- Kochutensilien
- Geschirr
- zusätzliche Kühlboxen
- Kaffee Vollautomaten
- WLAN, WLAN-Verstärker und Telefonflatrate ins D-Netz

Mietangebote für Dachzelte

Auch für die Anmietung eines Dachzelts finden Sie im Internet zahlreiche Anbieter in Ihrer Umgebung. Dachzelte eignen sich für zwei bis drei Personen (je nach Liegefläche), wobei die Liegefläche variiert – je nachdem, ob Sie sich für ein Hartschalenmodell oder ein Klappdachzelt entscheiden. Hartschalenmodelle haben eine Liegefläche zwischen 135 x 200 cm und 135 x 215 cm. Die Klappdachzelte unterscheiden sich im Preis und der Kaution nicht besonders von den Hartschalenmodellen, wohl aber in der Größe der Liegefläche. Diese bewegt sich im großzügigen Rahmen, beginnend bei 140 x 241 cm über 180 x 241 cm bis hin zu 220 x 241 cm.

Eine große Annehmlichkeit bei Dachzelten besteht darin, dass Decken, Kissen und Schlafsäcke auch im zusammengeklappten Zustand im Dachzelt bleiben können. So ist das Bett schon so gut wie fertig, wenn Sie an der nächsten Etappe Ihres Abenteuers ankommen, und Sie müssen bei jedem Ortswechsel nicht immer alles mühsam wieder verstauen.

Die Mietkosten liegen deutlich unter jenen für ein Wohnmobil oder einen Caravan. Jedoch fallen auch hier Kosten für die Kaution und Gebühren für den Fall einer Stornierung an. Anders als bei Wohnmobilen oder Caravans gibt es bei Dachzelten keine nennenswerten saisonalen Preisunterschiede.

Hier ein Überblick über Ausstattung und Zusatzoptionen beim Mieten von Dachzelten:

- Spannbettlaken
- LED-Lampen für innen
- Dachträger
- Auffahrkeile
- Campingtisch
- Campingstühle
- Wasserkanister
- Kühlboxen
- Querträgerbefestigung

Es gibt auch Anbieter, die Ihnen ein Komplettpaket aus Fahrzeug, Dachzelt und umfangreichem Zubehör sowie Hol- und Bringservice offerieren. Auch die Planung einer kompletten Tour inklusive der Buchung von Stellplätzen kann bei diversen Anbietern gebucht werden.

Ein Überblick:

- Jeep mit Dachzelt und umfangreicher Ausstattung
- Grillzubehör
- Kofferraumküche mit faltbarem Spülbecken, Geschirr, Besteck, Gaskocher, Frischwassertank und Kühlbox
- Mikrofaserhandtücher
- Professionelle Schlafsäcke
- Kaffee, Schraubkanne, Milch und Zucker, Milchaufschäumer und-Milchkännchen
- Ein schönes Angebot für Eltern mit kleinen und größeren Kindern:
    - » Faltbarer Hochstuhl für Kinder von 6 bis 36 Monaten und ein Campingbett mit 50-prozentigem UV-Schutz für Kinder bis zu zweieinhalb Jahren.
- Für ältere Kinder:
    - » Campingmöbel für Kinder
    - » Sandspielzeug
    - » Malbuch
    - » Buntstifte
    - » Kindergeschirr

Für die Hundehalter unter Ihnen gibt es bei diversen Anbietern ein exklusives Hundezelt in besonders robuster Ausfertigung. Viel zusätzlicher Stauraum – wie Innentaschen und ein Staunetz unter der Oberschale im Inneren – ermöglicht die Unterbringung von Spielsachen und anderem Zubehör für unterwegs. Genaueres zum Thema »Unterwegs mit Hund« finden Sie weiter hinten in der gleichnamigen Rubrik dieses Ratgebers.

Es gibt noch viele Zusatzoptionen mehr – so vielfältig wie der Kreis der LeserInnen und ihrer vielen, sicher sehr unterschiedlichen Vorlieben und persönlichen Vorstellungen von einem Campingurlaub.

Aufwand

Je nachdem, ob Sie sich für das Mieten eines Wohnmobils, eines Wohnwagens oder eines Dachzelts entschieden haben, variiert der Aufwand – und auch hier kommt es wieder auf Ihre individuellen Voraussetzungen, Vorlieben und Möglichkeiten an.

Die meisten Vermieter von Wohnmobilen sind bundesweit zu finden, Sie werden also ziemlich sicher auch einen in Ihrer Nähe finden. So können Sie das Wohnmobil problemlos einen oder zwei Tage vor Urlaubsbeginn abholen und in Ruhe mit allem bestücken, was Sie unterwegs benötigen. Nach der Reise räumen Sie das Wohnmobil wieder aus, reinigen es und geben es zurück – in Wohnortnähe.

Bei einem Wohnwagen sieht das schon ein bisschen anders aus. Die Vermieter sind an ihren Standort gebunden, und Sie müssen das Mietobjekt abholen, nach Hause bringen und reisefertig machen und im Anschluss auch wieder zurück zum Verleiher bringen, der sich eben nicht unbedingt in Wohnortnähe befindet. Es besteht hier allerdings die Möglichkeit, auf dem Portal eBay Kleinanzeigen nach Privatanbietern in der Nähe zu suchen, die ihren Wohnwagen vermieten.

Die Anmietung eines Dachzelts bei einem professionellen Anbieter hat den Vorteil, dass Ihnen beim Auf- und Abbau von Profis geholfen wird. Auch wenn Sie zum Verleiher einen weiteren Anfahrtsweg hatten, sind Sie nach dem Aufbau reisefertig und müssen nicht noch einmal nach Hause, um den Wohnwagen oder das Wohnmobil für den Urlaub zu bestücken. Diverse Alltagsgegenstände für den Urlaub können Sie direkt vor Ort dazumieten – und was Sie sonst noch benötigen, packen Sie bereits zu Hause ein und transportieren es mit Ihrem Pkw. Der Aufwand ist also vergleichsweise gering.

Am Ende Ihres Dachzeltabenteuers geben Sie ganz einfach alles, was Sie gemietet haben, zurück und fahren nur mit dem nach Hause, was Sie auch von dort mitgebracht haben.

Mögliche Fehler beim Mieten – und wie Sie diese vermeiden können

Für das Anmieten eines Wohnmobils wie auch eines Caravans gilt als oberste Priorität: Klären Sie vor Reiseantritt unbedingt den Versicherungsschutz! Das gilt auch dann, wenn Sie Ihr Feriengefährt von Freunden oder Verwandten unentgeltlich leihen dürfen – in diesem Fall sollte der Eigentümer im Vorfeld mit der Versicherung klären, ob der versicherte Personenkreis eingeschränkt ist – und falls ja, ob er erweitert werden kann. Sollte das nicht möglich sein, sollten Sie sich nach einer anderen Möglichkeit umsehen, denn ansonsten sind Sie im Schadensfall ohne Versicherungsschutz.

Haben Sie eigentlich die passende Fahrerlaubnis? In Deutschland kann ein Wohnmobil erst ab einem Alter von 21 Jahren gemietet werden, und außerdem sind der Führerschein Klasse B sowie mindestens ein Jahr Fahrpraxis erforderlich.

Einige Vermieter setzen das Mindestalter auch noch höher an – klären Sie also unbedingt im Vorfeld, ob Sie als Mieter infrage kommen! Gleichzeitig kann es eine Altersobergrenze ab 75 Jahren geben; dies variiert von Anbieter zu Anbieter und sollte ebenfalls zuvor geklärt werden.

Planen Sie eine Campingtour außerhalb von Europa in den USA, Kanada, Neuseeland oder Australien? Dann sollten Sie die dort geltenden Regeln zur Anmietung und zum Führen eines Wohnmobils oder Caravan beachten:

In den USA gelten ähnliche Regeln wie hier. Gemietet werden darf ab 21, bei einigen Anbietern auch erst ab 25. Einige Vermieter setzen voraus, dass Sie seit mindestens einem oder zwei Jahren im Besitz Ihrer Fahrerlaubnis sind. Die Altersgrenze nach oben liegt zwischen 75 und 79 Jahren. Bitte im Einzelfall vorher klären.

Einfacher gestaltet sich die Prozedur in Kanada: Dort können Sie ohne weitere Voraussetzungen ab einem Alter von 21 Jahren ein Wohnmobil mieten. Je nach Anbieter kann es jedoch sein, dass es eine Altershöchstgrenze von 75 Jahren zu beachten gilt – bitte auch das im Vorfeld klären.

In Australien und Neuseeland vermieten die meisten Anbieter an Personen ab 21 Jahren mit entsprechender Fahrerlaubnis. Auch hier kann eine Altershöchstgrenze ab 75 Jahren gelten.

Ein weiterer Punkt, bei dem Sie Fehler vermeiden können: das Übergabeprotokoll. Bestehen Sie unbedingt darauf, und machen Sie auch Fotos, die den Zustand des Mietobjektes vor und nach Fahrtantritt dokumentieren. Weitere Punkte, die zu klären und zu beachten sind:

- Muss ich als Mieter vor der Rückgabe die Grundreinigung vornehmen und was wird darunter verstanden?
- Raucher- oder Nichtraucherfahrzeug?
- Sind Hunde an Bord erlaubt?
- Gibt es Länder, die ich mit dem Mietobjekt nicht bereisen darf?
- Wen habe ich im Schadensfall zu benachrichtigen?

Für Caravan, Wohnmobil und Dachzelt gilt gleichermaßen: Lassen Sie sich ausführlich in den Gebrauch einweisen, fertigen Sie Notizen und Fotos an, um sich später nochmals schlaumachen zu können. Vielleicht hat Sie schon die Aufregung und die Abenteuerlust gepackt – da kann leicht mal etwas untergehen! Empfehlenswert ist es zudem, in aller Ruhe eine Packliste zu erstellen, damit Sie an alles denken, was Sie unterwegs dabeihaben möchten. Aber keine Sorge: Dem Thema »Ausrüstung und Zubehör« ist weiter hinten ein eigenes Kapitel gewidmet!

Eine individuelle Entscheidung: Ihre Platzwahl

- Wählen Sie den passenden Stellplatz
- Stellplatz für Wohnmobile
- Campingplatz
- Wildcampen

Im Folgenden betrachten wir die einzelnen Optionen näher.

Stellplätze

Stellplätze sind aus Platzgründen in den meisten Fällen Wohnmobilen vorbehalten und eher für kürzere Aufenthalte gedacht. Anders als auf Campingplätzen ist die Anfahrt eines Stellplatzes jederzeit, also ohne feste Öffnungszeiten möglich – eine optimale Gelegenheit, sich etwas auszuruhen oder in nahe gelegenen Geschäften Einkäufe zu erledigen. Die Ausstattung von Stellplätzen kann variieren: von rudimentär und als bloße Möglichkeit zum Abstellen des Wohnmobils, um kurzzeitig zu verweilen, bis zu Stellplätzen mit Zugang zu Elektrizität und Sanitäranlagen sowie Möglichkeiten der Ver- und Entsorgung. Diese Leistungen sind manchmal kostenfrei, mitunter muss man aber auch ein kleines Entgelt einplanen, wobei die Bezahlung meist über einen Automaten oder in der Touristeninformation erfolgt. Genaueres entnehmen Sie bitte der Beschilderung vor Ort.

Campingplätze

Anders als auf einem Stellplatz ist auf einem Campingplatz die Anmeldung an der Rezeption oder bei hoher Nachfrage und in der Hochsaison die Reservierung einer Campingparzelle erforderlich.

Sanitäre Einrichtungen wie Dusche und WC gehören auf jedem Campingplatz zur Standardausstattung. Darüber hinaus bieten manche Campingplätze auch Koch- und Abwaschmöglichkeiten, und häufig gibt es zudem Waschmaschinen und Trockner, die gegen einen Aufpreis genutzt werden.

Ähnlich wie im Hotel- und Gaststättengewerbe bestehen auch bei Campingplätzen unterschiedliche Kategorien. Von einfacher Ausstattung mit unspektakulären Sanitäranlagen ohne weitere Angebote bis hin zur voll ausgestatteten Küche, einem Pool und vielen weiteren Annehmlichkeiten ist alles dabei.

Campingplätze sind auf längere Aufenthalte ausgerichtet. Es gibt sogar zunehmend Menschen, die als Dauercamper ganzjährig auf dem Campingplatz leben. Als Nutzer eines Wohnmobils beachten Sie bitte, wie an anderer Stelle bereits erwähnt, das Ruhe- und Erholungsbedürfnis Ihrer Platznachbarn. Wenn Sie Tagesausflüge oder Einkäufe planen, müssen Sie das ja nicht unbedingt mit dem Wohnmobil tun. Zum einen müssen Sie dann alles einpacken und verstauen, zum anderen sorgt es für große Unruhe auf dem Platz, mit so einem großen Gefährt an- und abzufahren.

Weichen Sie für kleinere Unternehmungen lieber auf Fahrräder oder öffentliche Verkehrsmittel aus.

Sollten Sie mit einem Gespann aus Caravan und Pkw angereist sein, parken Sie den Pkw am besten außerhalb Ihrer Parzelle und möglichst vor dem Campingplatz. So ist dem Bedürfnis nach Ruhe und Erholung der Platznachbarn Genüge getan, indem Sie niemanden mit Motorgeräuschen belästigen.

Wildcampen

Für die Individualisten unter Ihnen eine großartige Möglichkeit, den Campingurlaub zu verbringen! Aber auch diejenigen unter Ihnen, die Lust auf ein vollkommen neues Urlaubserlebnis haben, werden am Wildcampen bestimmt Gefallen finden. Wer allerdings glaubt, dass man beim Wildcampen einfach so ins Blaue fährt, irrt: Dieses Abenteuer sollte gut geplant werden. In Deutschland ist es nämlich verboten, sich einfach nach Belieben in den Wald oder an einen See zu stellen. Verstöße stellen eine Ordnungswidrigkeit dar und können mit hohen Geldbußen geahndet werden.[1]

1 https://www.bussgeldkatalog.org/umwelt-campen

Zum Glück gibt es diverse Onlineportale, auf denen Wildcamper und Anbieter geeigneter Stellen dafür zueinanderfinden. Sie können auf einschlägigen Portalen die Option »Camper« auswählen und werden dann zu einer interaktiven Karte weitergeleitet, auf der Orte in Deutschland und einigen Nachbarländern verzeichnet sind. Sie wählen die gewünschte Region bzw. den passenden Ort aus und können sich dann mit den angebotenen Örtlichkeiten vertraut machen, bevor Sie eine Buchungsanfrage senden.

Beachten Sie: Jedes Land hat seine eigenen Wildcamping-Regeln:

In Portugal ist es über einschlägige Onlineportale für Wildcamper möglich, Stellplätze auf Privatgrundstücken zu finden, auf denen Sie mit Ihrem mobilen Zuhause stehen und herrliche Ausblicke auf die portugiesische Landschaft genießen können. Einige dieser Stellplätze befinden sich direkt an der Steilküste der Algarve – ein grandioser Ausblick aufs Meer ist also garantiert.

Bitte beachten Sie, dass offenes Feuer aufgrund der hohen Brandgefahr in Portugal absolut tabu ist!

Selbstverständlich sollten Sie auch darauf achten, keinen Müll zu hinterlassen, pfleglich mit der Natur umzugehen und sich von Naturschutzgebieten fernzuhalten. Generell kann es zu Ärger mit der Polizei führen, wenn Sie sich nach Gutdünken an irgendeinen beliebigen Ort stellen und für die nächsten Wochen zu Ihrem Urlaubsdomizil machen. Auf der sicheren Seite sind Sie, wenn Sie sich über ein passendes Onlineportal einen schönen Platz in der Natur bei freundlichen Menschen suchen. Vielleicht entstehen dabei auch neue Freundschaften und Urlaubsorte, an die Sie immer wieder gerne zurückkehren? Und das Angebot so vielfältig, dass Sie es sich auch an mehr als nur einem Ort gemütlich machen können.

Wenn Sie für Spanien Informationen zum Thema Wildcampen suchen, werden Sie viele, aber keine eindeutigen landesweiten Regeln dazu finden, denn die Gesetze dafür unterscheiden sich von Ort zu Ort, von Gemeinde zu Gemeinde – und davon gibt es in Spanien eine ganze Menge. Letztendlich entscheidet die jeweilige Gemeinde, ob und wo Sie mit Ihrem Pkw oder Wohnmobil frei stehen und campen dürfen.

Was Ihnen laut der spanischen Straßenverkehrsordnung überall erlaubt ist:

Ihr Wohnmobil ordnungsgemäß auf einem ausgewiesenen Parkplatz abstellen und die Innenräume nutzen, um zu essen und zu schlafen. Das mag eine erholsame Pause sein, aber unter einem Campingurlaub, genauer gesagt unter Wildcampen, stellen auch Sie sich bestimmt etwas anderes vor.

Unter »Campingverhalten« versteht man Folgendes:

- Parken des Wohnmobils bei gleichzeitiger Nutzung der Campingmöbel
- Herausfahren der Markise
- Wäsche aufhängen
- Sichern des Fahrzeugs mit Auffahrkeilen (einzige Ausnahme: Parken auf abschüssigem Gelände für die Dauer einer Pause, also ohne Campingverhalten)

Auf der sicheren Seite sind Sie, wenn Sie an Ihrem Urlaubsort ins Rathaus oder zur Touristeninformation gehen und nach Standorten fragen, an denen Sie für längere Zeit bleiben dürfen. Oder Sie planen Ihren Aufenthalt als Wildcamper mithilfe der weiter oben genannten Onlineportale, auf denen Sie Besitzer von Privatgrundstücken finden, die ihr Land gerne Campern zur Verfügung stellen. Wie für Ihr Wildcampingerlebnis in Portugal können Sie auch für Spanien Onlineportale nutzen, auf denen Sie freundliche Menschen mit geeigneten Grundstücken finden.

Ebenfalls attraktive Ziele für den Campingurlaub in freier Natur: die skandinavischen Länder.

In Dänemark sind Sie ebenfalls gut beraten, wenn Sie sich im Vorfeld eine Privatperson suchen, auf deren Grundstück Sie campen dürfen.

Was Sie hier jederzeit nutzen dürfen, sind die Raststätten und öffentliche Parkplätze. Teilweise können Sie dort Ihr Frischwasser auffüllen und andere Serviceleistungen in Anspruch nehmen, Näheres hierzu ist ausgeschildert. Gut zu wissen: Es gibt in Dänemark zwar Campingplätze in der freien Natur, allerdings nur für Camper mit Zelt; motorisierte Gefährte welcher Art auch immer sind nicht erlaubt.

In einigen dänischen Hafenstädten gibt es in den Sommermonaten besondere Angebote für Urlauber, die mit dem Wohnmobil unterwegs sind: An speziellen Orten dürfen Sie gegen eine geringe Gebühr Ihr Wohnmobil parken, tagsüber die Sehenswürdigkeiten der Umgebung besuchen und anschließend in Ihrem mobilen Zuhause übernachten. Außerdem bieten viele Bauernhöfe an, auf dem Grundstück zu campen – dieses Angebot ist auch unter dem Begriff »Farm Camping« bekannt. Für nähere Informationen wenden Sie sich an das örtliche Fremdenverkehrsamt.[2]

In Schweden gilt das sogenannte Jedermannsrecht[3] – allerdings nicht für den motorisierten Verkehr. Auch hier dürfen Sie zwar auf ausgewiesenen Parkplätzen parken, jedoch ohne Campingverhalten. Die gute Nachricht ist aber: Es gibt in Schweden viele naturnahe Campingplätze, die sich kaum von einem Stellplatz in der freien Natur unterscheiden – dort dürfen Sie mit Ihrem Wohnmobil stehen und die Ruhe der Natur genießen, ohne das Sie jemand verjagen kann, sich im Wald oder am Wasser aufhalten und ausgedehnte Wanderungen unternehmen, solange Sie die Natur pfleglich und rücksichtsvoll behandeln.

Das Jedermannsrecht regelt außerdem, dass Sie Beeren und Pilze für den Eigengebrauch sammeln dürfen – jedoch nur außerhalb von Naturschutzgebieten und Nationalparks. Oder ist Ihnen mehr nach einer aufregenden Kajakfahrt? Egal wie Sie sich entscheiden – einem unvergesslichen Urlaubserlebnis steht in jedem Fall nichts im Wege.[4]

In Norwegen gilt auch das Jedermannsrecht, offiziell aber eigentlich nur für Camper im Zelt und nicht für den motorisierten Verkehr. Wenn Sie sich allerdings der Natur gegenüber respektvoll verhalten und keinen Müll hinterlassen, wird das Wildcampen auch mit Wohnmobil toleriert. Im Jedermannsrecht wird festgehalten, dass Sie mindestens 150 Meter von bewohnten Häusern und Hütten entfernt stehen müssen und Privatgrundstücke zu meiden sind.

---

2 Quelle: www.visitdenmark.com

3 Das Jedermannsrecht, in der Schweiz Jedermannszutrittsrecht, ist ein in den nordischen Ländern (ausge-nommen Dänemark), Schottland und der Schweiz gültiges Gewohnheitsrecht, welches allen Menschen bestimmte grundlegende Rechte bei der Nutzung der Wildnis und gewissen privaten Landeigentums zugesteht. Da das Jedermannsrecht unter bestimmten Voraussetzungen auch Aktivitäten wie Zelten und Feuermachen erlaubt, geht es deutlich über ein reines Betretungsrecht, wie es zum Beispiel in Deutschland besteht, hinaus. Quelle: Wikipedia

4 Quelle: www.visitsweden.com

Beachten Sie bitte, dass es in Norwegen nicht gerne gesehen wird, wenn Sie den Eindruck erwecken, sich an einem Ort häuslich niederlassen zu wollen. Lassen Sie also die Campingmöbel lieber an Bord, und verzichten Sie auf den Aufbau des Vorzeltes. Alles in allem ist es ein guter Rat, sich beim Wildcampen in Norwegen unauffällig und rücksichtsvoll zu verhalten, insbesondere gegenüber der beeindruckenden Natur und Tierwelt.

Wenn Sie diese Tipps beherzigen, werden Sie in Norwegen garantiert unvergessliche Wildcampingtage verbringen!

Auch in Norwegen finden Sie zahlreiche, naturnahe Campingplätze, die sich kaum von einem freigewählten Ort in der Natur unterscheiden. Zudem bietet Norwegen eine ganze Palette an Aktivitäten wie Angeln, Wandern, Biken und Wassersport. Ein ganz besonderes Erlebnis könnte eine geführte Safari sein, auf der Sie mit erfahrenen Naturführern die atemberaubende Tierwelt mit allen Sinnen erleben können.[5]

Auch für alle anderen Länder, in die es Sie zum Wildcampen ziehen mag, gilt: Machen Sie sich unbedingt über die hiesigen Gesetze schlau – ansonsten können hohe Bußgelder die Folge sein.

---

5 Quelle: www.visitnorway.de

Die Organisation Ihrer Reise – überlassen Sie nichts dem Zufall

Die Vorstellung, dass Sie auf halber Strecke eine (vermeidbare) Panne haben, weil das Fahrzeug nicht gründlich kontrolliert und instand gesetzt wurde, oder dass Sie nicht über die Grenze dürfen, weil Sie nicht alle erforderlichen Dokumente bei sich haben, bereitet Ihnen Kopfschmerzen? Kein Grund zur Sorge! In diesem Kapitel erfahren Sie alles über die gründliche Organisation Ihrer Campingreise – damit nichts dem Zufall überlassen bleibt.

Folgende Punkte werden in diesem Abschnitt behandelt:

- Einsatzbereitschaft des Zugfahrzeugs
- Einsatzbereitschaft des Wohnwagens (Caravan)
- Einsatzbereitschaft des Wohnmobils
- Einsatzbereitschaft des Dachzeltes
- Dauer Ihrer Reise
- Benötigte Dokumente und Versicherungen für Ihre Reise
- Versicherungen
- Kostenaufstellung der Fahrt
- Checkliste

Einsatzbereitschaft des Zugfahrzeugs

Unabhängig davon, ob Sie mit Pkw und Wohnwagen oder dem Wohnmobil unterwegs sein werden, ist ein gründlicher Check einer versierten Werkstatt eine gute Empfehlung. Dort werden Batterie und Lichtmaschine, die Flüssigkeitsstände für Öl, Wischwasser der Scheibenwischer sowie die Kühl- und Bremsflüssigkeit gemessen und gegebenenfalls aufgefüllt. Auch Motor, Getriebe, Reifen/Luftdruck, Bremsen und Fahrwerk werden auf ihren Zustand geprüft und, falls erforderlich, instand gesetzt. Lassen Sie das Personal auch einen Blick auf die Anhängerkupplung werfen. Was Sie auf alle Fälle selbst überprüfen können:

- Ist der Verbandskasten vorhanden, vollständig und griffbereit?
- Wie sieht es mit Warndreieck und Warnwesten aus?
- Wann ist die nächste Hauptuntersuchung beim TÜV fällig, bzw. wie lange ist die aktuelle noch gültig?

Alle diese Punkte klären Sie am besten zwei bis drei Wochen vor Ihrer Abreise, damit etwaige Reparaturen noch erledigt werden können. Natürlich kann es vorkommen, dass Sie trotz intensiver und gründlicher Vorbereitung eine Panne haben – daher ist es ratsam, eine Telefonnummer der Pannenhilfe oder Ihres Automobilklubs zur Hand zu haben.

Einsatzbereitschaft des Wohnwagens/Caravan

Zunächst einmal sollten Sie die zulässige Gesamtmasse des Caravans kennen. Schauen Sie einfach im Fahrzeugschein nach. Denn: Wie viel Gewicht Sie zuladen dürfen, ergibt sich aus der Differenz der zulässigen Gesamtmasse und des Leergewichts Ihres Wohnwagens. Bitte beachten Sie, dass auch der Wohnwagen regelmäßig beim TÜV zur Hauptuntersuchung vorgestellt werden muss und eine Prüfplakette braucht – so wie für Pkw gibt es auch für Caravans Fachwerkstätten, die Ihren Wohnwagen auf Herz und Nieren prüfen können.

Für das Beladen des Wohnwagens gilt: schwere Dinge nach unten, mittelschwere in bodennahen Stauraum und leichte Sachen nach oben. Die Ladung muss so gesichert sein, dass sie nicht in Bewegung geraten kann – besonders wichtig ist dabei eine gute Verteilung der Ladung. Bei vielen Alltagsgegenständen können Sie durch die Wahl leichter Materialien viel an Gewicht sparen; es gibt beispielsweise Essgeschirr aus Bambus, anstelle von schweren Büchern können Sie Ihre Urlaubslektüre auf einem E-Book-Reader bei sich haben. Bei den Lebensmittelvorräten ist es ratsam, möglichst keine Konserven mitzuführen, sondern eher Leichtes wie Nudeln, Frühstücksflocken und getrocknete Hülsenfrüchte, die Sie dann vor Ort frisch zubereiten können. Was Sie für die Dauer des Aufenthalts sonst noch benötigen, können Sie im örtlichen Supermarkt erwerben. Alles in allem muss gut durchdacht werden, was Sie wirklich im Caravan benötigen (mehr zu diesem Thema im Kapitel »Ausrüstung und Zubehör«).

Beim Thema »Kleidung und Wäsche« sollten Sie bedenken, dass Sie unterwegs viele Möglichkeiten haben, sie zu waschen. Es muss also kein Jahresvorrat eingepackt werden (was auch für viele andere Kategorien gilt)!

Auch der Frischwassertank muss nicht bei Antritt der Reise vollgetankt werden – Sie werden unterwegs noch viele Möglichkeiten dazu haben. Ein halb voller Tank ist also mehr als ausreichend für die erste Etappe, und Sie sparen Spritkosten.

Vergessen Sie nicht, die Gasflasche, soweit vorhanden, zu checken – das geht kinderleicht: Drehen Sie die Gasflasche einmal auf und wieder zu, und überprüfen Sie die vorhandenen Absperrventile (Kochstelle, Kühlschrank, Heizung). Auch hier haben Sie die Möglichkeit, Gewicht zu sparen: Nehmen Sie nur eine Gasflasche mit, die Sie unterwegs gegen eine neue austauschen können. Sollten Sie in Sachen Gas unsicher sein, lassen Sie Ihre Gasflasche in einer Werkstatt für Wohnwagen und Wohnmobile überprüfen.

Was ist sonst noch wichtig? Unterziehen Sie den Wohnwagen ruhig einem kleinen Frühjahrsputz – gerade wenn er länger in der Winterpause war. Lüften Sie die Polster, wischen Sie die Schränke aus, und reinigen Sie den Fußboden. Auch das Vorzelt braucht Ihre Aufmerksamkeit, stellen Sie es also gerne schon vor der Abreise einmal auf, damit es durchlüften kann und um zu überprüfen, ob alles damit in Ordnung ist. Nicht dass Sie bei Ihrer Ankunft feststellen müssten, dass diese schöne Erweiterung des Caravans nicht genutzt werden kann!

Bei dieser Gelegenheit können Sie auch kontrollieren, ob sich alle Fenster ohne Probleme öffnen und schließen lassen.

Wenn Sie den Wohnwagen fertig beladen haben, muss abschließend geprüft werden, ob er nicht zu schwer geworden ist. Neben der zulässigen Gesamtmasse sind die Stützlast und die Achslast wichtige Werte, die nicht überschritten werden dürfen. Die zulässige Stützlast sowie die Achslast finden Sie im Fahrzeugschein.

Doch wie kann nun ermittelt werden, ob alles im grünen Bereich ist? Auf der sicheren Seite sind Sie, wenn Sie eine offizielle Lkw-Waage (gibt es beispielsweise beim TÜV oder bei der DEKRA) aufsuchen und Ihr Gespann dort wiegen. Alternativ gibt es im Campingfachhandel spezielle Waagen, mit denen Stützlast und Achslast geprüft werden können.

Ein kleiner Tipp, um das Gewicht Ihrer Ladung im Auge zu behalten:

Wiegen Sie schon während des Einpackens alles nach und nach mit einer Personenwaage, schreiben Sie sich die Zahlen auf, und berechnen Sie am Ende die Gesamtsumme. So vermeiden Sie böse Überraschungen, wenn Sie das Gespann am Ende auf die Waage fahren.

Ein Gimmick, das ich Ihnen abschließend gerne ans Herz legen möchte: eine Anti-Schlinger-Anhängerkupplung. Näherer Informationen dazu bekommen Sie im Fachhandel. So viel dazu sei gesagt: Mit einer solchen Anhängerkupplung erhöht sich die Fahrsicherheit mit Wohnwagen erheblich.

Einsatzbereitschaft des Wohnmobils

Wie schon beim Pkw als Zugfahrzeug lohnt sich auch hier eine gründliche Überprüfung in einer zertifizierten Werkstatt, um das Wohnmobil perfekt auf den Urlaub vorzubereiten. Wie auch beim Pkw werden dort Batterie und Lichtmaschine sowie die Flüssigkeitsstände für Öl, Wischwasser der Scheibenwischer sowie die Kühl- und Bremsflüssigkeit gemessen und gegebenenfalls aufgefüllt. Auch Motor, Getriebe, Reifen/Luftdruck, Bremsen und Fahrwerk werden auf ihren Zustand geprüft und, falls erforderlich, instand gesetzt. Denken Sie daran: Auch beim Wohnmobil ist es wichtig, das zulässige Gesamtgewicht zu kennen.

Von dieser Zahl, die Sie im Fahrzeugschein finden, ziehen Sie dann das Leergewicht des Wohnmobils ab, und aus der Differenz ergibt sich dann die erlaubte Zuladung. Gute Dienste beim Bestücken des Wohnmobils leistet eine gewöhnliche Personenwaage, auf der Sie das Gepäck nach und nach wiegen, sich das jeweilige Gewicht notieren und am Ende die Gesamtsumme ausrechnen. Auch mit einem Wohnmobil können Sie eine offizielle Lkw-Waage aufsuchen, um bei der zulässigen Belastung des Fahrzeugs auf der sicheren Seite zu sein. Bitte denken Sie daran, nicht nur das Gewicht Ihres Gepäcks zu berücksichtigen. Ebenfalls in die Berechnung einbeziehen müssen Sie das Körpergewicht aller Mitreisenden.

Nehmen Sie sich darüber hinaus ruhig Zeit, um den Innenraum des Wohnmobils in Augenschein zu nehmen und auch hier einen kleinen Frühjahrsputz vorzunehmen (auch im Sommer, Herbst oder Winter!). Überprüfen Sie, ob sich alle Fenster öffnen und schließen lassen und mit dem Vorzelt alles in Ordnung ist, indem Sie es einmal zur Probe aufstellen.

Viele Tipps, die für das Beladen des Caravans gut sind, lassen sich ebenso auf das Wohnmobil anwenden: keine schweren Lebensmittelvorräte, eingekauft werden kann auch noch am Urlaubsort. Ein kleiner Vorrat aus Nudeln, Reis, Frühstücksflocken und Ähnlichem ist vollkommen ausreichend. Eine Gasflasche statt zwei genügt für die erste Zeit, ein halb voller Frischwassertank ebenfalls – sowohl Gas als auch Frischwasser bekommen Sie auch unterwegs. Alltagsgegenstände für Küche und Freizeit gibt es aus leichten Materialien, was Sie bei der Zusammenstellung berücksichtigen können.

Einsatzbereitschaft des Dachzeltes

Sie haben ein Dachzelt erstanden, das der zulässigen Dachlast Ihres Pkw entspricht? Herzlichen Glückwunsch, dann können Sie nun Ihre Vorfreude ausleben und das mobile Heim reisefertig machen! Da Sie sich für diese Form des Campings entschieden haben, liegt Ihr Fokus vermutlich nicht auf allzu umfangreichem Gepäck. Sie können im Wesentlichen das einpacken, was im Kofferraum und vielleicht noch auf der Rückbank Platz findet, sofern diese nicht von Mitreisenden genutzt wird. Bitte beachten Sie auch bei dieser Kombination das zulässige Gesamtgewicht Ihres Pkw.

Bei einem gemieteten Dachzelt sind Ihnen in der Regel die MitarbeiterInnen des Verleihers beim Aufbau behilflich. Sollten Sie ein eigenes Dachzelt besitzen, mobilisieren Sie mindestens zwei, besser drei Freunde und Bekannte, die Sie beim Aufbau unterstützen.

Kurz zum Aufbau des Dachzeltes:

- Falls noch nicht vorhanden, montieren Sie einen qualitativ hochwertigen Dachgepäckträger auf Ihr Auto.
- Anschließend befestigen Sie die Montagehalterung des Dachzelts am Dachzeltträger.
- Dann heben Sie mindestens zu zweit das Dachzelt auf das Auto. Achten Sie dabei darauf, dass es nach links und rechts gleichmäßig herausragt, hinten nicht zu weit. Andernfalls lässt sich später der Kofferraum nicht mehr öffnen.
- Überlegen Sie am besten schon beim Aufbau, auf welcher Seite Sie die Leiter haben möchten, und platzieren Sie das Dachzelt mit der Halterung der Leiter auf der entsprechenden Seite (Fahrer- oder Beifahrerseite).
- Nun befestigen Sie das Dachzelt mit den dafür vorgesehenen Schrauben. Kontrollieren Sie diese unterwegs regelmäßig, und ziehen Sie sie bei Bedarf nach.

Wie bereits erwähnt, können Sie im geschlossenen, eingeklappten Dachzelt ihre Schlafsäcke und Kissen auf der integrierten Matratze ausgebreitet liegen lassen – auf diese Art ist das Bett bei Ihrer Ankunft am Ziel schon so gut wie gemacht. Über alles Weitere, was Sie für ein gelungenes Dachzeltabenteuer noch benötigen, erfahren Sie mehr in der Kategorie über Zubehör.

Dauer Ihrer Reise

Die Dauer der Reise hängt von unterschiedlichen Faktoren ab: von Ihren individuellen Plänen, Ihrem zeitlichen Budget und selbstverständlich davon, ob Sie mit schulpflichtigen Kindern unterwegs sein werden. Sollte dies der Fall sein, werfen Sie einen genauen Blick in den Ferienkalender für Ihr Bundesland, um hier keine Fehlplanung zu machen. Planen Sie Ihren Urlaub so, dass Sie ein großzügiges Zeitfenster zur Verfügung haben – gerade wenn Sie im Wohnmobil oder mit dem Caravan unterwegs sind, sollten Sie sowohl vor als auch nach der Reise noch ein paar Tage Zeit zur Verfügung haben.

Ansonsten kommt es ganz darauf an, was Ihnen für den Urlaub alles an Unternehmungen vorschwebt. Was es auch sei, welche Sehenswürdigkeit Sie besuchen, welche Wanderstrecke Sie zurücklegen möchten oder welches Land Sie bereisen werden, planen Sie immer so, dass sie nicht in Stress geraten und einen ausreichenden Zeitrahmen zur Verfügung haben.

Machen Sie sich zu diesem Zweck auch ein Bild davon, was Sie bei Ihren Unternehmungen vor Ort erwarten könnte. Handelt es sich beispielsweise um eine Touristenattraktion oder sogar um mehr als nur eine, die Sie besuchen möchten? Planen Sie die Dauer Ihrer Reise mit Umsicht, und denken Sie daran, dass viele andere vielleicht die gleichen Pläne haben – besonders im Hinblick auf die Suche nach einem geeigneten Parkplatz.

Sollten Sie oder Ihre Mitreisenden Medikamente benötigen, führen Sie sie in ausreichender Menge mit sich. Es ist nicht gesagt, dass Sie unterwegs einen Arzt finden, der Ihnen ein Rezept ausstellt. Sollten Sie auf größere Mengen Medikamente angewiesen sein, erkundigen Sie sich bitte beim Auswärtigen Amt über die jeweiligen Zollbestimmungen Ihres Urlaubslandes.

Benötigte Dokumente und Versicherungen für Ihre Reise

Ein kurzer Überblick:

- Personalausweis oder Reisepass
- Führerschein
- Fahrzeugschein
- Versicherungsnachweise (Kfz-Haftpflicht)
- Impfnachweise, sofern erforderlich
- EU-Heimtierpass für Ihren Hund (Impfpass)

Innerhalb der Europäischen Union genügt zur Identifikation Ihr Personalausweis, den Sie auch im grenzfreien Schengenraum bei sich haben sollten. Sollten Sie eine Reise in ein Land planen, das nicht im Schengenraum liegt, informieren Sie sich im Vorfeld, ob Sie einen Reisepass benötigen. Hierzu zählen folgende Länder[6]:

- Bulgarien
- Kroatien
- Irland
- Zypern

In manchen Ländern ist es die Regel, dass Ihr Reisepass noch mindestens sechs Monate über die Dauer des geplanten Urlaubs hinaus gültig ist[7]. Um sich an dieser Stelle Unannehmlichkeiten zu ersparen, erkundigen Sie sich am besten bereits im Vorfeld über die genauen Bestimmungen in dem von Ihnen gewählten Urlaubsland.

Gültige deutsche Führerscheine, auch aus der ehemaligen DDR, werden in den Mitgliedstaaten der Europäischen Union anerkannt. Wissenswert, wenn auch noch nicht akut wichtig: Seit dem 13. Januar 2013 ist die Gültigkeit von EU-Führerscheinen auf 15 Jahre begrenzt. Das bedeutet konkret,

6 Quelle: europa.eu, eine offizielle Seite der Europäischen Union

7 Quelle: bundespolizei.de

dass vor dem 19. Januar 2013 ausgestellte Führerscheine bis 19. Januar 2033 umgetauscht werden[8].

Eine Kfz-Haftpflichtversicherung ist nicht nur hier, sondern auch in allen anderen EU-Ländern vorgeschrieben[9]. Der entsprechende Nachweis gehört also auf jeden Fall zu Ihren Reisedokumenten! Wahlweise können Sie diverse Zusatzversicherungen abschließen, jedoch ist keine davon verpflichtend. In einem Gespräch mit Ihrer Versicherung können Sie klären, welche Zusatzversicherungen es gibt und welche individuell für Sie sinnvoll sind.

Bestimmte Impfungen können bei Reisen ins Ausland verpflichtend sein, für genaue Auskünfte können Sie sich bei Ihrem Hausarzt erkundigen.

Ähnlich verhält es sich, wenn Sie mit Ihrem Hund unterwegs sind: Hier ist Ihr Tierarzt der richtige Ansprechpartner, wenn es um verpflichtende Impfungen geht. Weitere Informationen zu Impfungen und weiteren Themen erhalten Sie im Exkurs »Unterwegs mit Ihrem Hund«.

Abschließend noch eine Empfehlung für den Notfall: Es besteht die Möglichkeit, sich für Auslandsreisen auf einer Krisen-Vorsorgeliste registrieren zu lassen, um bei ernsten Krisen Hilfe über das Auswärtige Amt zu erhalten: https://krisenvorsorgeliste.diplo.de/signin.

---

8 Quelle: auswärtiges-amt.de

9 Quelle: www.europa.eu

Kostenaufstellung der Reise

In diesem Kapitel erhalten Sie einen Überblick darüber, mit welchen Kosten Sie für Ihre Campingreise kalkulieren müssen. Es geht nicht um konkrete Zahlen, sondern um eine ungefähre Aufstellung, mit welchen Kosten und Ausgaben zu rechnen ist. Im Folgenden ein Überblick:

- Kosten für die Anreise (Kraftstoff)
- Mautkosten bei Auslandsreisen
- eventuelle Kosten für öffentliche Verkehrsmittel und Leihfahrräder am Urlaubsort
- Miete und Kaution bei Leihfahrzeugen oder Dachzelten
- eventuelle Fährkosten
- Kosten auf dem Campingplatz (Stellplatz, Wasser, Strom und zusätzliche Leistungen)
- Freizeitaktivitäten
- Versorgung mit Lebensmitteln

Zunächst einmal ist es ratsam, einen genauen Blick auf den Spritverbrauch Ihres Fahrzeuges und die benötigte Kraftstoffsorte zu werfen. Mit diesen Informationen in Kombination mit der Entfernung zwischen Ihrem Wohn- und Urlaubsort können Sie eine Kalkulation darüber erstellen, mit welchen Spritkosten Sie in etwa zu rechnen haben. Diese ungefähre Aufstellung können Sie kurz vor Ihrer Abreise nochmals überprüfen – Spritpreise können sich bekanntlich schnell ändern.

Wenn Sie am Urlaubsort Aktivitäten planen, für die Sie Ihren Pkw nutzen möchten, kalkulieren Sie am besten auch gleich hierfür die Spritkosten ein. Ein Spartipp am Rande: Erkundigen Sie sich darüber, ob Sie Ihr Tagesausflugsziel nicht auch mit den öffentlichen Verkehrsmitteln vor Ort oder mit dem Fahrrad erreichen können. Gleiches gilt für die Erledigung von Einkäufen.

Sollten Sie eine Auslandsreise planen, werden unter Umständen Mautgebühren fällig. Um genau zu erfahren, ob und in welcher Höhe Mautgebühren fällig werden, gibt es im Internet verschiedene Mautrechner, mit denen Sie das berechnen können.

Sie können am Urlaubsort Kraftstoff einsparen, indem Sie sich über die öffentlichen Verkehrsmittel vor Ort und über Leihfahrräder sowie die entstehenden Kosten informieren. Vielleicht können Sie ihren wohlverdienten Urlaub noch viel mehr genießen, wenn Sie sich nicht mit Ihrem Auto durch unbekannte Straßen kämpfen und am Ende noch einen Parkplatz suchen müssen? Eine Überlegung ist es sicherlich wert. Und: Besonders auf dem Fahrrad nehmen Sie Ihre Umgebung viel besser wahr als im Auto.

Sie möchten lieber ein Campingfahrzeug oder ein Dachzelt mieten, statt gleich in etwas Eigenes zu investieren? Gerade wenn Sie die verschiedenen Möglichkeiten zunächst in Ruhe kennenlernen möchten, kann das eine gute Wahl sein. Für diesen Fall nehmen Sie in Ihre Kostenaufstellung die Mietkosten und die Kaution mit auf. Die genauen Preise erfahren Sie bei Ihrem Verleiher.

Fährkosten können entstehen, falls Sie nach Skandinavien, Großbritannien oder noch weiter weg nach Übersee reisen möchten. In diesem Fall empfiehlt es sich, vor Ort ein Wohnmobil zu mieten.

Sollten Sie Ihr eigenes Fahrzeug nutzen, erkundigen Sie sich bei der jeweiligen Reederei nach den Kosten und Bestimmungen.

Für den Campingplatz entstehen Kosten für den Stellplatz und weitere Angebote, die von Platz zu Platz unterschiedlich sind. Einige Campingplätze bieten ein Komplettpaket aus Stellplatz, Strom, Dusche und sonstigen Möglichkeiten, die der Platz zu bieten hat. Auch Kosten für WLAN sowie die Nutzung von Waschmaschine und Trockner können anfallen. Wenn Ihr Hund mit Ihnen auf Reisen ist, wird auf den meisten Campingplätzen auch für ihn ein kleiner Betrag verlangt. Ebenfalls entstehen Kosten für die Müllentsorgung und für Abwasser.

Freizeitaktivitäten sind ein weiterer Kostenfaktor. Darunter fallen beispielsweise Eintrittskarten für Freizeitparks oder Sehenswürdigkeiten, Freibäder oder Museen. An manchen Urlaubsorten können Sie auch Boote mieten oder eine Schifffahrt unternehmen. Welche Kosten in diesem Punkt genau anfallen, hängt natürlich sehr von Ihren individuellen Interessen und Plänen ab. Sehen Sie sich vor der Reise am besten ganz in Ruhe und gemäß

Ihren Vorstellungen nach Aktivitäten um, und kalkulieren Sie die entstehenden Kosten mit ein. Bei manchen Anbietern haben Sie die Chance auf verschiedene Rabatte, beispielsweise für Gruppen, Familien oder anderes – eine gute Möglichkeit, um die Kosten zu senken.

Die Kosten für Lebensmittel kalkulieren Sie am besten pro Kopf und Tag, inklusive einer Reserve. Wenn Sie sich überwiegend selbst versorgen möchten und am Urlaubsort die herkömmlichen Supermärkte nutzen, dürften die Kosten ähnlich sein wie auch zu Hause. Da aber kein Tag dem anderen gleicht, sollten Sie pro Kopf lieber ein bisschen höher kalkulieren als zu niedrig – schließlich ist der Urlaub nicht zuletzt dafür da, um sich auch mal etwas Besonderes zu gönnen! Sollten Sie den einen oder anderen Restaurantbesuch planen, empfiehlt es sich, auch diesen Punkt zu berücksichtigen und individuell zu kalkulieren.

Grundsätzlich lässt sich sagen: Kalkulieren Sie großzügig, und runden Sie die einzelnen Posten nach oben auf. Auf diese Art bilden Sie auch Rücklagen für unvorhergesehene Ausgaben.

Checklisten

Im Internet finden Sie eine große Auswahl an Checklisten mit verschiedenen Schwerpunkten. Für einen Campingurlaub mit Zelt werden Sie andere Suchergebnisse bekommen als für eine Reise im Wohnmobil, zum Thema Wildcampen eine andere als für den Aufenthalt auf dem Campingplatz. Auch ob Sie im In- oder Ausland Urlaub machen, spielt bei der Auswahl der Checkliste eine Rolle. Am besten sehen Sie sich im Internet nach PDF-Checklisten oder Packlisten um und drucken diejenigen aus, die für Sie sinnvoll und realistisch erscheinen.

Auch beim optischen Erscheinungsbild unterscheiden sich diese Listen, sodass Sie eine große Auswahl haben und sich für das entscheiden können, was Ihnen zusagt und übersichtlich erscheint. Auch in diesem Punkt sind die Geschmäcker sicherlich verschieden.

Im Folgenden ein Überblick, welche Schwerpunkte die verschiedenen Checklisten und Packlisten haben:

- erforderliche Dokumente und Reiseunterlagen
- Bargeld und Kreditkarten
- Kleidung und Schuhe
- Hygieneartikel
- technisches Zubehör
- Hausapotheke
- Küchenzubehör
- Strom- und Gasversorgung
- vorteilhafte Lebensmittel für unterwegs
- Schlafsack und Ähnliches für die Nächte
- individuelle Checklisten und Packlisten nach Jahreszeiten (Sommer- oder Wintercamping)
- Sonstiges

Wenn Sie in die Internetsuche die Worte »Camping Checkliste« oder »Camping Packliste« eingeben, werden Sie nach Ihren individuellen Wünschen sicher fündig werden. Allgemein empfiehlt es sich, eine solche Liste zu führen und nach und nach durchzugehen – so können Sie kinderleicht vermeiden, dass plötzlich doch etwas Wichtiges fehlt.

Vorbereitung Ihrer Reise - gut geplant ist halb gewonnen

In diesem Kapitel erfahren Sie alle wichtigen Schritte, um Ihre Reise im Detail vorzubereiten. Sie haben nun Ihr Fahrzeug bzw. Ihr Dachzelt einsatzbereit gemacht, sich einen Überblick zu den anfallenden Kosten verschafft und die erforderlichen Reiseunterlagen zusammengestellt. Auch der Zeitplan steht, der Urlaub ist genehmigt und, falls erforderlich, auf die Schulferien abgestimmt.

Bestimmt haben Sie sich auch bereits den einen oder anderen Gedanken darüber gemacht, wo es eigentlich hingehen soll? Sofern Sie nicht alleine reisen – gab es schon Gespräche mit der Familie oder mit Freunden? Dann haben Sie vielleicht schon ein festes Ziel oder eine Tendenz, wohin die Reise gehen soll. Über folgende Punkte soll dieses Kapitel informieren:

- Wohin soll es gehen? Auswahl des Urlaubsortes
- Ein kleiner Überblick zu beliebten Urlaubszielen
- So reisen Sie klimaschonend
- Mautgebühren
- Zoll- und Einreisebestimmungen
- Checklisten zur Urlaubsvorbereitung

Die Auswahl des Urlaubsortes ist eine Frage des Budgets und was Sie gerne erleben, sehen und unternehmen möchten. Die kinderlosen Paare unter Ihnen werden womöglich andere Vorstellungen haben als Familien mit Kindern; wer sich für Wildcamping begeistern kann, setzt andere Prioritäten als der klassische Camper, der auf einem regulären Platz Urlaub macht. Ähnlich verhält es sich mit den Hundehaltern unter Ihnen und denjenigen, die ohne Hund unterwegs sind. So unterschiedlich und vielfältig wie Sie, sind auch die Urlaubsziele – die Bandbreite reicht von den Alpen bis zur Nordsee und darüber hinaus.

Um Ihnen die Auswahl des Urlaubsortes zu erleichtern, folgt nun ein Überblick zu verschiedenen Regionen und den Möglichkeiten, die Sie dort erwarten. Lassen Sie uns im Norden beginnen und dann quer durch das Land immer weiter südlich gehen. Im Anschluss erhalten Sie noch einen Überblick zu lohnenden Zielen in unseren Nachbarländern.

Nordsee

BÜSUM

Büsum an der Nordsee ist eine kleine, malerische Küstengemeinde, in der Familien und Naturfreunde auf Campingreisen gleichermaßen auf ihre Kosten kommen. Auch für die Wassersportfans unter Ihnen hat Büsum einiges zu bieten. Ein Überblick:

Sie können in Büsum:

- surfen
- kiten
- Entspannung finden
- den Hundestrand nutzen
- den Hafen sowie den Museumshafen besichtigen
- Leuchttürme kennenlernen
- die Natur genießen
- das Deichmuseum besuchen
- eine geführte Wattwanderung[10] unternehmen

Selbstverständlich mangelt es in Büsum nicht an Campingplätzen – einige davon liegen ganz nah an den Stränden. Ebenfalls sind Stellplätze für Wohnmobile vorhanden. Viele der genannten Aktivitäten können Sie von den Campingplätzen aus unternehmen.

10 Bitte gehen Sie niemals alleine ins Watt – Lebensgefahr!!

BORKUM

Borkum gehört zu den nordfriesischen Inseln und bietet sich vor allem für Familien, Hundebesitzer und Naturliebhabern als Urlaubsort an – oder für Reisende, die sich vor allem nach Ruhe sehnen. Auch für Menschen, die sich von einer Atemwegserkrankung erholen möchten, ist Borkum ein schönes Ziel. Was Sie auf Borkum alles erleben können:

- das Aquarium besuchen und dabei die Unterwasser-Tierwelt beobachten, wie sie rund um Borkum zu finden ist
- den 65 Meter hohen Leuchtturm besuchen
- ausgedehnte Spaziergänge auf der Strandpromenade unternehmen
- kiten
- surfen
- einen von fünf Hundeständen nutzen

Auch auf Borkum gibt es eine Auswahl naturnaher Campingplätze. Die Strandabschnitte sind in verschiedene Schwerpunkte unterteilt, sodass Sie als Wassersportler genauso auf Ihre Kosten kommen wie jemand, der nur die Ruhe und die Natur genießen möchte. Die Anreise nach Borkum erfolgt mit der Fähre. Bitte beachten Sie, dass es auf Borkum autofreie Abschnitte gibt – nähere Auskünfte dazu erhalten Sie bei der Touristeninformation.

ST. PETER-ORDING

St. Peter-Ording liegt auf dem nordfriesischen Festland und hat ebenfalls für viele Interessen etwas zu bieten. Hervorzuheben ist hier der 12 Kilometer lange Sandstrand, an dem Sie durch die Dünen wandern oder Wassersport betreiben können. Etwas ganz Besonderes ist hier die salzhaltige Luft, die nicht nur für die Erholung nach Erkrankungen wohltuend ist. Ob als Familie, Naturliebhaber, Wassersportler oder auch als Partygänger – St. Peter-Ording hat viel zu bieten.

Ein Überblick:

- geführte Wattwanderungen[11]
- Besuch des Böhler Leuchtturms
- Besuch des Erlebnis- und Freizeitbads Dünen-Therme
- Fahrradtour auf dem Themenradweg »Wikinger-Friesenradweg«
- Besuch des Nationalpark-Hauses St. Peter-Ording

Diese Liste ist noch um einiges erweiterbar – es ist für sehr viele Interessen etwas dabei.

Außerdem finden Sie in St. Peter-Ording neben einigen Campingplätzen auch einen Wohnmobilstellplatz. Die Campingplätze liegen größtenteils in direkter Nähe zum Wasser, der Wohnmobilstellplatz befindet sich nahe am Ortskern.

Ostsee

Entlang der Ostseeküste gibt es ebenfalls einen weiten Horizont – nicht nur im wahrsten Sinne des Wortes, sondern auch im übertragenen. Hier kommen Sie sowohl als geschichtlich interessierter Mensch auf Ihre Kosten wie auch als Naturfan. Ein Tagesausflug in die Hansestädte Rostock, Stralsund, Usedom oder Wismar bietet einen Einblick in die Welt der mittelalterlichen Hanse – die Altstadt von Wismar ist zudem ein Teil des UNESCO-Weltkulturerbes.

Selbstverständlich fehlt es auch an der Ostseeküste nicht an Campingplätzen und Stellplätzen für Wohnmobile. Die zahlreichen Strände bieten für jeden Geschmack das Richtige, sei es für Wassersport, Hundestrände für Hundehalter oder für diejenigen unter Ihnen, die Ruhe und Entspannung suchen. Im Folgenden lernen Sie einige ausgewählte Urlaubsorte an der Ostsee kennen.

---

11 Bitte gehen Sie niemals alleine ins Watt – Lebensgefahr!!

USEDOM

Usedom, auch bekannt unter dem Namen Sonneninsel, bietet eine Fülle an Ausflugszielen und Aktivitäten für Jung und Alt. Ein kleiner Überblick:

- Strandspaziergänge und Badeausflüge mit der ganzen Familie
- Naturlehrpfad Ostseeküste
- Klaus-Bahlsen-Haus, Informationszentrum des Naturparks Usedom
- Naturschutzzentrum Karlshagen
- Fahrradtouren

Die Auswahl an Campingplätzen ist groß und bietet unter anderem Natur- und Dünencamping in direkter Nachbarschaft zur Ostsee – hier werden Sie entsprechend Ihren Vorstellungen bestimmt fündig.

HANSESTADT ROSTOCK

In Rostock können Sie nicht nur die sagenhafte Altstadt und ihre Sehenswürdigkeiten erkundigen, sondern auch eine einzigartige Natur erleben: Strand und Meer finden Sie hier ebenso wie endlose Wälder in der Rostocker Heide. Was es sonst noch zu erleben gibt, erfahren Sie im Folgenden:

- Stadtrundfahrt zu Wasser vom Hafen aus
- Wassersport
- Beachvolleyball
- Rundflüge über Rostock
- Besuch im Robbenforschungszentrum Hohe Düne
- IGA-Park und das Rostocker Schifffahrtsmuseum

In der näheren Umgebung von Rostock gibt einige Stellplätze für Wohnmobile, Campingplätze finden Sie vorwiegend in Rostock/Warnemünde.

OSTSEEBAD ECKERNFÖRDE

Das Ostseebad Eckernförde hat ein einzigartiges Flair. In den malerischen kleinen Gassen finden Sie kleine und individuelle Läden sowie ein reichhaltiges gastronomisches Angebot. Die große Besonderheit an Eckernförde: Alles liegt dicht beieinander. Sie gelangen auf kürzestem Weg von der Stadt an den weitläufigen Strand, und auch der idyllische Hafen wartet auf Ihren Besuch.

Eine Übersicht darüber, was Sie in Eckernförde unternehmen können:

- Hochseilgarten Eckernförde
- Schwedenecks Strände (Wassersport, Steilküsten, Hundestrände und vieles mehr)
- Besuch am Ponyhof Naeve in Groß-Wittensee, nahe Eckernförde
- Stadtführungen
- Förderrundfahrten
- Sonnenuntergangsfahrten
- Schnupper-Segeltörns

Dies ist nur ein kurzer Überblick, je nach Ihren Wünschen und Bedürfnissen finden Sie in und um Eckernförde noch einiges mehr.

Die unmittelbare Umgebung um Eckernförde hält eine große Auswahl an Campingplätzen und Wohnmobilstellplätzen bereit, bei der keine Wünsche offenbleiben dürften. Reiten, Lagerfeuer, Kajakfahren und vieles mehr erwartet Sie auf den verschiedenen Plätzen.

Göttingen

Vom Norden aus geht es ein Stück weiter südlich. Genauer gesagt, Richtung Göttingen und die nähere Umgebung. Durch die Kombination eines breit gefächerten Freizeitangebots und der vielfältigen Camping- und Wohnmobilstellplätze sind Göttingen und das Umland wie geschaffen für einen Campingurlaub.

Ein Ausschnitt dessen, was es hier alles zu unternehmen und zu erleben gibt:

- das alte Rathaus
- Gänselieselbrunnen
- die historische Junkernschänke aus dem Jahre 1446
- der alte Botanische Garten von 1736
- die historische Sternwarte

In und um Göttingen gibt es ein großes Angebot von Campingplätzen und Wohnmobilstellplätzen.

Rheinland-Pfalz

Von hier aus machen wir uns nun auf den Weg nach Rheinland-Pfalz, ein Bundesland, das an Vielfalt und Erlebniswelten kaum zu überbieten ist. Weinberge, Flüsse wie Mosel und Rhein und sogar inaktive Vulkane sind nur paar von unzähligen Möglichkeiten, hier etwas zu erleben und Neues zu entdecken. Die Vielfalt an Campingplätzen lässt Camperherzen höherschlagen. Und auch die Fahrradfahrer und Wanderer unter Ihnen werden hier sehr viele Wege und Möglichkeiten finden, ihrer Passion zu folgen.

Sicherlich gibt es eine Vielzahl an Städten und Orten, die einen Besuch wert sind – sie hier alle aufzuzählen, würde jeden Rahmen sprengen. Die hier aufgezählten Städte beschränken sich daher auf die Städte Trier und Bacharach, da alles Weitere mehrere Bücher füllen könnte.

TRIER

In Trier erwartet Sie eine sehr gut erhaltene Altstadt mit vielen Sehenswürdigkeiten. Dabei sind die Weinberge und vielfältige Wanderwege nicht weit entfernt. Eine kleine Auswahl von vielen Sehenswürdigkeiten:

- das Stadttor »Porta Nigra«
- der Trierer Dom

- die Kaiserthermen
- Spielzeugmuseum Trier
- der Palastgarten
- Schloss Monaise

Auch hier ist die Auswahl an Campingplätzen groß, es ist für jeden Geschmack etwas dabei.

BACHARACH

Die Stadt Bacharach liegt eingebettet zwischen Weinbergen am Rhein – hier kommen Freunde mittelalterlicher Architektur voll auf ihre Kosten. Sollten Sie Ihr Kfz auf dem Campingplatz gelassen haben und zu Fuß unterwegs sein, warten zahlreiche historische Weinlokale und Weinkeller auf Ihren Besuch. Die Stadt gehört zum UNESCO-Welterbe Mittelrheintal und bietet diesbezüglich viele Aktivitäten.

Hier eine kleine Auswahl:

- die Burg Stahleck
- eine Schifffahrt auf dem Rhein
- der altkölnische Saal
- die Loreley-Skulptur
- der poetische Stadtmauerrundweg

Auch in Bacharach gibt es selbstverständlich sowohl Campingplätze als auch Wohnmobilstellplätze.

Allgäu

Von hier aus geht es nun weiter ins Allgäu, einer weiteren tollen Urlaubsregion. Vieles erklärt sich hier sicherlich schon von selbst: Berge, Wanderwege, Weiden und Wiesen, so weit das Auge blicken kann. Ein paar besonders schöne Orte und Sehenswürdigkeiten sollen jedoch auch für diese Region genannt werden.

LINDENBERG

Der schön gelegene Ort Lindenberg im Westallgäu ist für alle einen Besuch wert, die in bester Höhenlage möglichst viel Sonne tanken und genießen möchten – Sonnentage gibt es hier aufgrund der geografischen Lage reichlich. Neben der schönen Architektur in Lindenberg erwartet Sie noch vieles mehr in der näheren Umgebung. Hier ein paar Inspirationen:

- das Hutmuseum in Lindenberg
- Baumwipfelpfad Scheidegg
- Scheidegger Wasserfälle mit Wasserspielplatz
- der Wanderweg Hausbachklamm und Wildrosenmoos

WANGEN

Ein weiteres Kleinod im Allgäu: die Stadt Wangen. Auch hier können Sie, umgeben von Bergen und vielfältiger Natur, einen erholsamen Urlaub verbringen. Was es in Wangen zu entdecken und erkunden gibt:

- die Museumslandschaft
- eine einzigartige Altstadt mit bunten Fassaden und Fachwerkhäusern
- Skulpturenweg Karsee
- das St.-Martins-Tor
- Frauentor
- Ritterhaus

Die Campinglandschaft bietet auch hier Campingplätze und Wohnmobilstellplätze in schöner Umgebung.

Auch unsere Nachbarländer sind einen Besuch wert. Besonders attraktiv ist ein Land dann, wenn es in direkter Nachbarschaft zum eigenen Wohnort liegt.

Dänemark zieht jedes Jahr zahlreiche Campingurlauber an. Direkt hinter der Grenze beginnt die Region Süd-Westjytland, wo Sie eine traumhafte Landschaft mit Blick auf die Ostsee und vielen Waldgebieten erwartet.

Badespaß, Waldspaziergänge und vieles mehr erwartet Sie dort. Und wenn Sie noch mehr erleben möchten, warten verschiedene Städte wie Sonderburg, Apenrade und die Hauptstadt Kopenhagen auf Ihren Besuch, nur um ein paar zu nennen.

Polen hat landschaftlich und kulturell ebenfalls viel zu bieten. Die Landschaft punktet sowohl mit Bergen als auch mit den Stränden der Ostsee – eine faszinierende Vielfalt. Wenn Sie gerne einen Städtetrip unternehmen möchten, bieten sich zahlreiche Möglichkeiten: Neben der Hauptstadt Warschau erwarten Sie in Polen die Städte Krakau, Danzig und Breslau mit vielen Sehenswürdigkeiten. Polen ist reich an Campingplätzen, die im ganzen Land verteilt sind und somit für jeden Geschmack und viele individuelle Wünsche etwas zu bieten haben.

In Tschechien finden Sie nicht nur zahlreiche Campingplätze, sondern auch schier endlose, unberührte Natur. Der Nationalpark Šumava in Südböhmen und zahlreiche andere Naturschutzgebiete warten auf Ihren Besuch, um Sie mit ihrer Schönheit und Vielfalt zu beeindrucken. Auch die Hauptstadt Prag ist mit ihrer einzigartigen Architektur und ihren Sehenswürdigkeiten einen Besuch wert.

Über das Alpenland gelangen Sie nach Österreich, wo ebenfalls viele Aktivitäten und Ausflugsziele auf Sie warten. Hier wird für jede Jahreszeit etwas geboten. Ausgedehnte Wanderungen in der reizvollen Berglandschaft im Frühjahr, erfrischende Abkühlung in den zahlreichen Seen in den Sommermonaten und im Herbst oder Skifahren und Snowboarden im Winter. Sollten Sie einen Ausflug in eine größere Stadt unternehmen wollen, bieten sich unter anderem Wien, Graz oder Salzburg an.

Mit Campingplätzen ist Österreich geradezu gesegnet – viele davon haben ganzjährig für Wintercamper geöffnet.

Die Schweiz hat als Urlaubsland ebenfalls viel zu bieten. Neben einer großen Auswahl an Campingplätzen können Sie hier vielen sportlichen Aktivitäten nachgehen. Für kulturell und geschichtlich Interessierte lohnt sich vor allem ein Besuch in den Städten Zürich, Bern oder Basel. An der Grenze zu Italien liegt der Gardasee und lädt Sie zum Baden an warmen Tagen und zum Wandern oder Radfahren ein.

In Frankreich erwartet Sie eine solche Vielfalt an Landschaft, Natur und Kultur, die schwer zu überbieten ist. Ob Sie den französischen Alpen mit den Pyrenäen als natürliche Landesgrenze zu Spanien oder der Provence einen Besuch abstatten oder ob es Sie in den sonnigen Süden des Landes zieht: Die Erinnerungen und Eindrücke, die Sie mit nach Hause bringen, werden Sie noch lange begleiten. Und für den Fall, dass Sie die Sehnsucht nach dem Meer packt, wartet der Atlantik auf Ihren Besuch.

Für Städtereisen eignet sich nicht nur Paris, sondern auch Marseille, Toulouse oder Bordeaux. Als beliebtes Urlaubsland hat Frankreich natürlich landesweit zahlreiche Campingplätze zu bieten, teils mit gehobener Ausstattung.

Als Geheimtipp unter den Urlaubsländern kann man Belgien bezeichnen. Daher ist es auch nicht verwunderlich, wenn Sie bei Belgien zuerst an Fritten, Waffeln, belgische Schokolade oder den Sitz des EU-Parlaments denken. Doch dieses Land bietet noch einiges mehr: Die Ardennen laden zu einem Besuch in bergiger Umgebung ein, die belgische Nordseeküste dagegen zu Badeurlaub und ausgedehnten Strandspaziergängen.

In Brüssel befindet sich nicht nur der Sitz des EU-Parlaments, sondern auch der Sitz der belgischen Königsfamilie. Auch zahlreiche kleinere Städte mit ihren engen Gassen sind ideal zum Entdecken und Schlendern. Und Genf und Antwerpen als größere Städte sind einen Tagesausflug auf jeden Fall wert. Auch in Belgien wird man als Campingreisender auf der Suche nach einem Campingplatz fündig.

Mit den Niederlanden haben wir ein weiteres Nachbarland, das am Meer liegt und absolut sehenswert ist. Mit seinem beeindruckenden Facettenreichtum hat das Land für jeden Geschmack etwas zu bieten. Auch hier können Sie sowohl das Meer als auch die vielfältige Kultur hautnah erleben. Alleine ein Besuch in Amsterdam mit seinen zahlreichen Grachten und der dazugehörigen Architektur bietet Stoff für eine Fülle an Urlaubserinnerungen. Wer Genaueres über die Grachten und ihre historische Bedeutung erfahren möchte, kann sich in zahlreichen Museen informieren. Die Naturfreunde unter Ihnen werden bei einem Besuch in einem der Nationalparks oder Naturreservaten auf ihre Kosten kommen. Da Camping in den Niederlanden äußerst beliebt ist, finden Sie hier natürlich eine Fülle an Campingplätzen.

So reisen Sie klimaschonend

Wir alle tragen eine Verantwortung für unser Klima – das gilt auch auf Reisen. Lassen Sie uns in diesem Kapitel einen genauen Blick darauf werfen, was jeder Einzelne dazu beitragen kann.

Ein kleiner Überblick:

- Fahrradfahren oder öffentliche Verkehrsmittel nutzen
- nachhaltige Campingplätze
- klimaschonende Fahrweise
- Hybrid- oder Elektrowohnmobile
- Stromsparen im Wohnmobil oder Caravan

Die Nutzung von öffentlichen Verkehrsmitteln und Fahrradfahren können in hohem Maß dazu beitragen, den CO2-Ausstoß zu verringern und die Luft sauber zu halten – zumal an vielen Orten die öffentlichen Verkehrsmittel aus Hybrid- oder Elektrofahrzeugen bestehen. Falls Sie Ihr Auto oder Wohnmobil nicht zusätzlich mit Ihren Fahrrädern belasten möchten, erkundigen Sie sich am besten an Ihrem Urlaubsort nach Leih- oder Mietfahrrädern – auch das hat einen positiven Effekt auf das Klima: Denn weniger Gewicht bedeutet auch einen geringeren Kraftstoffverbrauch.

Gerade Fahrradfahren kann eine erhebliche Aufwertung Ihrer Urlaubsqualität bedeuten: Sei es, um den Einkauf zu erledigen, oder für Tagesausflüge. Sollten Sie einen Tagesausflug mit den öffentlichen Verkehrsmitteln unternehmen, bleibt Ihnen die mitunter anstrengende und nervenzehrende Parkplatzsuche erspart.

Auch bei vielen Campingplatzbetreibern ist Nachhaltigkeit ein immer größeres Thema: Klimaneutraler Strom, der Verzicht auf Einwegverpackungen wie Kaffeebecher und Plastikgeschirr und die Verwendung von umweltfreundlichen Reinigungsmitteln gehören auf einem nachhaltigen Campingplatz dazu. Auch das Angebot von Lebensmitteln kann das Klima schonen, indem beispielsweise auf regionale und saisonale Lebensmittel geachtet wird.

Seien Sie sich immer bewusst: Auch Ihre Fahrweise kann das Klima entweder schonen oder auch unnötig belasten. Die Entscheidung liegt bei Ihnen. Bei konstanten Geschwindigkeiten zwischen 90 bis 100 km/h wird das Klima weit weniger belastet als bei höheren Geschwindigkeiten oder häufigem Tempowechsel. Von selbst versteht sich auch, dass geringere Entfernungen zwischen Wohn- und Urlaubsort weniger CO2-Emissionen verursachen.

Der Markt für Elektro- oder Hybridwohnmobile ist derzeit noch überschaubar und ausbaufähig, doch einige Modelle sind bereits erhältlich. Sollten Sie also ohnehin eine Neuanschaffung planen, schauen Sie vielleicht auch in dieser Richtung und lassen sich im Fachhandel beraten?

Wie im Alltag zu Hause, lässt sich auch im Wohnmobil oder im Caravan Strom einsparen.

Hierzu einige Vorschläge:

Bei der Innenbeleuchtung ist es sinnvoll, diese auf LED-Lampen umzustellen. Das freut nicht nur die Umwelt, sondern auch Sie als Nutzer, denn LED-Lampen sind extrem langlebig. Den Inhalt des Kühlschranks können Sie über Nacht ruhigen Gewissens in einer qualitativ hochwertigen Kühlbox aufbewahren und den Kühlschrank über Nacht außer Betrieb setzen. Je nach Modell hat das auch den angenehmen Effekt, dass der Kühlschrank über Nacht vollkommen ruhig ist und nicht Ihren Schlaf stört.

Das Aufladen von Geräten wie Handy, Laptop oder Rasierapparat erfolgt am besten über 12-Volt-Ladegeräte. Wird dafür nämlich das herkömmliche Netzteil verwendet, müssen diese 220 Volt aufwendig durch den Gerätetrafo auf 12 Volt herunterreguliert werden, wobei eine Menge Energie verloren geht. Mit einem entsprechenden Netzteil umgehen Sie diesen Vorgang und sparen somit Energie.

Noch schöner wird der Campingurlaub, wenn Dinge wie Laptop und Smartphone auch mal Sendepause haben. Auf Musik muss aber dank fest installierter Autoradios mit USB-Anschluss nicht verzichtet werden! Auf einem USB-Stick können Sie in größerem Umfang Audiodateien mit sich führen, die sich auf einem solchen Gerät abspielen lassen. Oder Sie lassen sich vom Radioprogramm überraschen, das sich regional unterschiedlich und immer wieder neu präsentiert.

Eine weitere Möglichkeit, um das Klima zu schonen: Beladen Sie Ihr Fahrzeug nicht unnötig schwer. Insbesondere Lebensmittel in Konserven oder Gläsern bedeuten eine vermeidbare Belastung, da Sie Ihre Vorräte auch am Urlaubsort immer wieder auffüllen können. Das gilt auch für Gasflaschen und Frischwasser. Im Kapitel »Ausrüstung und Zubehör« erfahren Sie noch mehr darüber, was für einen Campingurlaub sinnvoll ist und zur Entlastung Ihres Fahrzeuges beitragen kann. Eine Entlastung des Fahrzeuges ist letztlich auch eine Entlastung für die Umwelt und für unser Klima.

Mautgebühren

Mautgebühren werden in einigen Ländern für die Benutzung von Streckenabschnitten, Brücken und Tunneln fällig. Genau genommen unterscheidet man dabei zwischen Maut- und Vignettenpflicht. Die Maut wird bei der Ein- oder Ausfahrt der kostenpflichtigen Strecke an der dafür vorgesehenen Mautstelle entrichtet, die Vignette ist ein Aufkleber, der an Grenzübergängen, Tankstellen oder Raststätten erworben werden kann. Der Aufkleber ist für einen bestimmten Zeitraum gültig und wird hinter die Windschutzscheibe geklebt, was bei Grenzkontrollen Zeit sparen kann. Die Vignette zeigt auf einen Blick, dass Sie die erforderlichen Gebühren für einen bestimmten Zeitraum bezahlt haben. Bitte beachten Sie, dass die Vignette wirklich an der Windschutzscheibe angebracht ist – an der Seiten- oder Heckscheibe verliert sie ihre Gültigkeit.

Von einer Sondermaut spricht man, wenn sie für das Befahren von bestimmten Tunneln, Pässen oder Brücken erhoben wird.

Bitte informieren Sie sich über Mautstrecken und Mautgebühren sowie über die Vignettenpflicht für das von Ihnen gewählte Urlaubsland und die von Ihnen genutzten Streckenabschnitte. Die Mautgebühren sind in Europa nicht einheitlich und variieren in der Höhe, sodass eine Übersicht an dieser Stelle nicht möglich ist.

Verstöße gegen die Maut- und Vignettenpflicht werden mit Bußgeldern geahndet. Berücksichtigen Sie diese Kosten bei Ihrer Reiseplanung und beziehen Sie sie in Ihre Kalkulation mit ein. Manchmal sind auch Alternativstrecken verfügbar, auf denen keine Gebühren fällig werden – dafür gibt es im Internet Anwendungen, die bei der Suche nach mautfreien Strecken behilflich sind.

Zoll- und Einreisebestimmungen

Mit den Zoll- und Einreisebestimmungen wird die Einfuhr von Gütern und Waren sowie die Einfuhr von Bargeld und Vermögen geregelt. In diesem Kapitel erhalten Sie einen Überblick darüber, was das für Sie als UrlauberIn bedeutet.

Innerhalb der Europäischen Union haben EU-Bürger das Recht auf Freizügigkeit, was heißt, dass Sie in jedem Land der EU wie ein Bürger des jeweiligen Landes gesehen werden. Für bestimme Waren gelten dennoch Einschränkungen, über die Sie informiert sein sollten. Betroffen sind mehrere Kategorien. Hier erhalten Sie einen Überblick über diejenigen, die für Sie von Bedeutung sind.

Es gibt darüber hinaus noch Bestimmungen, mit denen die Einfuhr von Waffen, Munition, Feuerwerkskörpern, jugendgefährdenden Medien und Pflanzenschutzmittel sowie Kulturgütern geregelt ist. Für diesen Ratgeber soll jedoch der Fokus auf dem liegen, was Sie als Reisende(r) am ehesten betrifft. Sollten Sie Informationen zu den anderen Kategorien benötigen, werden Sie auf der offiziellen Seite des deutschen Zolls fündig: www.zoll.de.

- Arznei- und Betäubungsmittel
- Barmittel
- versteuerungspflichtige Waren

Arzneien für den persönlichen Gebrauch dürfen in üblicher Menge mitgeführt werden – als übliche Menge wird der Bedarf für maximal drei Monate bezeichnet. Dies gilt sowohl für den menschlichen Bedarf als auch für Tierarzneien.

Vorsicht ist geboten bei gefälschten oder besonders gefährlichen Arzneimitteln. Als besonders gefährlich gelten Arzneien, in denen häufig im Doping verwendetete Stoffe enthalten sind. Darunter fallen beispielsweise Testosteron, Nandrolon und Clenbuterol. Problematisch hinsichtlich des Artenschutzes können auch Arzneimittel werden, die bestimmte pflanzliche oder tierische Stoffe enthalten. (Mehr zum Thema Artenschutz erfahren Sie auf der offiziellen Internetseite des deutschen Zolls.)

Auf der sicheren Seite sind Sie, wenn Sie nur jene Medikamente mit sich führen, die von Ihrem Hausarzt verordnet und von der Apotheke ausgegeben wurden.

Unter Barmitteln im Zollverkehr versteht man Folgendes:

- Bargeld
- übertragbare Inhaberpapiere
- Gold
- gleichgestellte Zahlungsmittel

Sehen Sie sich die einzelnen Posten genau an.

Bargeld muss bei einer Kontrolle durch den Zoll auf Nachfrage mündlich angezeigt werden. Neben Banknoten und Münzen als Zahlungsmittel müssen auch solche Zahlungsmittel genannt werden, die noch in eine gültige Währung umgetauscht werden könnten. Dies ist bei alten D-Mark-Münzen und beim österreichischen Schilling der Fall. Über die genauen Summen können Sie sich auf der offiziellen Seite des Zolls erkundigen. Unter übertragbaren Inhaberpapieren werden Sparbücher, Schecks und Reiseschecks und Solawechsel sowie Aktien und Zahlungsanweisungen verstanden. Gold in Münzform und in Form von Goldbarren, Goldklumpen oder Goldnuggets sind ebenfalls anzeigepflichtig.

Die Liste von gleichgestellten Zahlungsmitteln ist ein wenig länger:

- Sparbücher
- Edelsteine, roh oder geschliffen
- Gold in Münzform
- ungemünztes Gold in Form von Barren, Klumpen oder Nuggets
- andere Edelmetalle (Platin oder Silber)

Um gar nicht erst Misstrauen zu erwecken, sollten Sie bei Zollkontrollen auf entsprechende Nachfrage über alle mitgeführten Barmittel Auskunft zu geben. So ersparen Sie sich wertvolle Zeit, die Sie sonst für eine aufwendige Kontrolle opfern müssten, und unangenehme Nachfragen. Um auf dem aktuellen Stand zu sein, informieren Sie sich auch zu diesen Gütern und den geltenden Bestimmungen auf der offiziellen Internetpräsenz des deutschen Zolls.

Folgende Waren müssen innerhalb der Europäischen Union versteuert werden:

- Tabakwaren
- Alkohol und Alkoholerzeugnisse
- Kaffeewaren
- Energieerzeugnisse (Kraftstoff)

Tabakwaren dürfen für den persönlichen Gebrauch ohne weitere Zollformalitäten nach Deutschland mitgebracht werden, solange es keine auffällig hohen Mengen sind, die Zweifel hinsichtlich des Eigenbedarfs wecken. Die erlaubten Mengen können Sie ebenfalls auf der offiziellen Seite des Zolls erfahren.

Für alkoholische Getränke und alkoholische Erzeugnisse gibt es ebenfalls Einfuhrbestimmungen, über die der deutsche Zoll auf seiner Internetpräsenz informiert.

- Spirituosen wie Weinbrand, Whiskey, Wodka, Rum:
- Alkoholische Süßgetränke (Alkopops)
- Zwischenerzeugnisse wie Sherry oder Portwein:
- Schaumwein
- Bier

Für Kaffee und kaffeehaltige Waren gelten ebenfalls Einfuhrbestimmungen.

Für Energieerzeugnisse (Kraftstoffe) gilt, dass Sie diese für Ihren persönlichen Bedarf innerhalb der Europäischen Union erwerben und steuerfrei nach Deutschland einführen dürfen, sofern er an einer Tankstelle käuflich erworben wurde und von Ihnen persönlich in Ihrem Fahrzeug mitgeführt wird – entweder direkt im Tank oder in einem Reservekanister.

Zu allen genannten Waren und den Einfuhrbestimmungen informieren Sie sich bitte vor Antritt der Reise auf der Internetpräsenz des deutschen Zolls unter www.zoll.de.

Checklisten zur Urlaubsvorbereitung

Auch bei der Urlaubsvorbereitung ist es sinnvoll und für viele Menschen auch beruhigend, wenn sie eine Checkliste führen und die einzelnen Punkte nach ihrer Ausführung abhaken können. Welche Art von Checkliste für Sie in Betracht kommt, hängt von der Wahl Ihres Urlaubszieles, der von Ihnen gewählten Campingunterkunft und einigen weiteren Faktoren ab. Dementsprechend finden Sie im Internet zahlreiche Vorlagen, die Sie sich herunterladen und ausdrucken können.

Im Wesentlichen können Sie mit einer Checkliste sämtliche Punkte abarbeiten, die Sie in diesem Kapitel kennengelernt haben, auf manchen finden Sie auch noch weitere Punkte. Sehen Sie sich in Ruhe im Internet nach verschiedenen Listen um, und wählen Sie jene aus, die Ihnen am besten zusagt und Ihren individuellen Interessen und Bedürfnissen gerecht wird.

Ausrüstung und Zubehör - alles, was Sie für eine gute Reise brauchen

Wie in vielen anderen Bereichen für Hobby, Urlaub und Freizeit gibt es auch für den Campingurlaub einen großen Markt für Ausrüstung und Zubehör. In diesem Kapitel können Sie sich einen Überblick darüber verschaffen, was davon wirklich nötig und sinnvoll ist. Kaufen Sie sich für den Anfang die Grundausstattung – alles, was darüber hinaus individuell für Sie Sinn macht und erforderlich ist, wird der Campingalltag zeigen.

Das Kapitel ist in folgende Punkte gegliedert:

- Küche
- Wohnbereich und Alltag
- Schlafbereich
- Essbereich
- Körperpflege und WC
- Hausapotheke
- Nützliche Kleinteile

Küche

Selbstverständlich soll es auch im Wohnwagen, Wohnmobil oder im Urlaub mit Dachzelt nicht an ausgewogenen Mahlzeiten für die Familie bzw. Mitreisenden fehlen. Welches Küchenzubehör für Sie sinnvoll ist, hängt von Ihren Kochgewohnheiten und den Möglichkeiten ab, die Ihr Wohnmobil oder Caravan bietet. Mit Dachzelt liegt der Fall noch einmal etwas spezieller, da Sie hier nur Ihr Auto als potenzielle Kochmöglichkeit zur Verfügung haben – doch dazu später mehr. Im Folgenden können Sie sich ein Bild davon machen, was der Markt hinsichtlich Geschirr, Töpfen, Pfannen und Zubehör zu bieten hat. Zugleich kann diese Auflistung als kleiner Leitfaden dafür dienen, was Sie alles auf die Packliste für den

Küchenbereich setzen können. Was genau Sie mitführen, ist natürlich unterschiedlich und Ihre ganz individuelle Entscheidung.

- Bruchfeste, emaillierte Tassen
- Gläser aus speziellem Titan-Kunststoff
- faltbares Koch- und Essgeschirr aus Bambus oder Melamin (bruchfest)
- Lunchboxen für Ausflüge
- emailliertes Essgeschirr
- faltbare Schüsseln und Siebe aus Silikon
- Schere
- Dosenöffner
- Küchenmesser nach Bedarf
- Schneidebretter

Für die Sauberkeit:

- Spülmittelkonzentrat (kleinere Flasche, weniger Gewicht)
- Spülbürste und Spültücher
- Geschirrtücher, vorzugsweise aus Mikrofaser (schnelltrocknend)
- Allzweckreinigerkonzentrat
- Müllbeutel

All diese Waren zielen in Verarbeitung und Materialien darauf ab, möglichst wenig Platz in der Campingküche zu beanspruchen und Erschütterung standzuhalten. Zudem haben diese Materialien ein geringes Gewicht – alles Eigenschaften, die Ihnen im Campingalltag nützen werden.

Erhältlich ist auch Camping-Essbesteck aus Plastik – es stellt sich jedoch die berechtigte Frage, ob Sie an dieser Stelle nicht lieber einige Teile von zu Hause einpacken möchten. Der Zweck ist derselbe, und es muss nicht unnötig Plastik eingekauft werden. Dies gilt auch für Teile wie Kochlöffel, Pfannenwender und Dosenöffner: Vieles davon ist in zahlreichen Haushalten doppelt vorhanden und kann für den Urlaub verwendet werden.

Vielleicht steht so manchem Teil auch ein zweites Leben bevor, ehe es ansonsten entsorgt wird? Für den Transport in der Schublade bietet es sich an, das herkömmliche Besteck in einen Leinenbeutel oder in ein Geschirrtuch zu wickeln und dieses dann fest zu verknoten, damit das Besteck in der Schublade nicht in Bewegung gerät und klappert.

Ein weiteres sinnvolles Produkt aus dem Bereich Küchenzubehör: Anti-Rutschmatten, die Sie in den Schränken Ihres Caravans oder Wohnmobils unterlegen können.

Für die mitgeführten Trinkbehälter gibt es im Fachhandel eine sehr praktische Möglichkeit zur Aufbewahrung: Gläserhalter aus Schaumstoff, die in vielen Schränken Platz haben und wo jedes Trinkgefäß einen sicheren Halt findet, ohne im Schrank hin und her zu rutschen. Erhältlich ist diese Form der Gläseraufbewahrung im Fachhandel für Campingartikel vor Ort oder im Onlinefachhandel.

Ein Campingbackofen mit entsprechendem Zubehör ist eine sinnvolle Investition, wenn Sie zum Frühstück Ihre Brötchen frisch aufbacken möchten (Aufbackgitter erforderlich) oder auch im Campingurlaub auf selbst gebackenen Kuchen nicht verzichten möchten.

Natürlich darf für die meisten Menschen der Kaffee am Morgen nicht fehlen! Für die Wahl der richtigen Kaffeemaschine für unterwegs kommt es sehr darauf an, wie viel Platz in Ihrer mobilen Küche zur Verfügung steht. Der Handel ist auf diesen Umstand eingestellt und hält verschiedene Arten von Kaffeemaschinen für Caravan oder Wohnmobil bereit. Darunter sind auch Modelle, die an den Gasherd angeschlossen werden und somit keinen Strom benötigen.

Für die Zubereitung von Tee ist es zusätzlich sinnvoll, einen kleinen Wasserkocher oder einen Camping-Wasserkessel an Bord zu haben. Letzterer ist ebenfalls als faltbares Modell erhältlich.

Für das Warmhalten von Kaffee, Tee oder anderen Heißgetränken ist eine Thermoskanne aus Edelstahl ein unverzichtbarer Reisebegleiter.

Ebenfalls sinnvoll zur Aufbewahrung von Lebensmitteln: eine Kühlbox. Wie schon beim Thema »Energie sparen« erwähnt, kann es aus Gründen der Energieersparnis und der Reduzierung von nächtlichen Störgeräuschen

Sinn machen, den Kühlschrank im Wohnmobil oder Caravan über Nacht vom Netz zu trennen. In der verbleibenden Zeit können Sie Ihren Lebensmittelvorrat in einer hochwertigen Kühlbox lagern. Auch für andere Gelegenheiten wie Tages- oder Badeausflüge leistet eine Kühlbox gute Dienste.

Falls Sie sich für ein Dachzelt als Campingunterkunft entschieden haben, stehen Sie beim Thema »Küche und kochen« vor anderen Herausforderungen als im Wohnmobil oder Caravan. Lassen Sie uns einen Blick darauf werfen, was speziell für Dachzeltcamper erhältlich ist und sinnvoll sein kann:

Eine besondere Herausforderung ist wohl der Abwasch, für den Sie weder Wohnmobil noch Caravan zur Verfügung haben. Das ist jedoch kein Grund zur Sorge – auch dafür ist das passende Zubehör verfügbar. Erhältlich sind beispielsweise ausziehbare Spülbecken, an denen ein Frisch- und Grauwassertank angeschlossen wird und die man nach Gebrauch wieder einklappt. Dieser Aufbau findet mitsamt Kochgelegenheit im Kofferraum Platz. Sie können sich das in etwa wie eine kleine Kommode oder wie einen Nachttisch vorstellen, aus der Sie eine Schublade, in diesem Fall das Spülbecken, herausziehen und nach Gebrauch wieder schließen.

In ähnlicher Bauweise sind speziell für den Kofferraum Küchen, Kühlschränke und Kühlboxen erhältlich. Praktisch sind hier Modelle, die sich sowohl mit Strom als auch mit Gas kühlen lassen. Diese Modelle werden als Absorber-Kühlboxen bezeichnet und sind im Campingfachhandel erhältlich. Praktisch sind sie vor allem deswegen, weil Sie Gaskartuschen ohnehin an Bord haben müssen, um den Campingkocher zu betreiben. Und falls Sie auf einem Campingplatz stehen, können Absorber-Kühlboxen auch mit dem verfügbaren Landstrom betrieben werden, was Ihre Gasvorräte schont.

Ein Campingkocher ist für Sie als Dachzeltcamper unerlässlich, wenn Sie Wert auf warme Gerichte und Getränke legen: Auch hier gibt es, je nach Ihrem individuellen Bedarf, sehr unterschiedliche Modelle. Neben dem einfachen, einflammigen Campingkocher können Sie sich auch für einen Gaskartuschenkocher entscheiden. Ein großer Vorteil ist die höhere Stabilität, da ein Gaskartuschenkocher aufgrund seiner Größe einen besseren Stand hat. Optisch erinnert so ein Kocher an eine separate Kochplatte, die es für den Hausgebrauch gibt. Ausschlaggebend ist bei der Auswahl der Kochstelle, wie viel Platz Ihr Kofferraum bietet.

Außer Gaskochern gibt es noch Campingkocher, die mit Benzin, Petroleum oder Feststoffen wie Holz oder Esbit betrieben werden. Im Folgenden stelle ich Ihnen die verschiedenen Brennstoffe und ihre Eigenschaften vor, da sich gerade die verschiedenen Gasarten unterscheiden und es je nach Jahreszeit Sinn machen kann, gezielt den passenden Brennstoff zu wählen.

Butan

Butan ist ein gängiger Brennstoff für Gaskocher und deshalb am meisten anzutreffen. Butan hat jedoch den entscheidenden Nachteil, einen sehr geringen Siedepunkt (-0,50 °C) zu haben – er verliert also schnell an Druck, was ein rasches Erlöschen der Kochflamme zur Folge haben kann. Indem sich der Gasbehälter beim Verbrennen abkühlt, kann es bei niedrigen Außentemperaturen vorkommen, dass Sie Probleme bei der Zubereitung warmer Speisen und Getränke bekommen. In den wärmeren Monaten ist die Wahrscheinlichkeit dafür nicht sehr groß – sollten Sie aber eine Herbst- oder gar eine Winterreise planen, sind andere Arten von Gas die bessere Wahl. Beispielsweise Folgende:

Isobutan

Isobutan hat durch seinen deutlich besseren Siedepunkt von -11,7 °C den Vorteil, auch bei niedrigen Temperaturen seinen Druck aufrechtzuerhalten – die Flamme erlischt bei Weitem nicht so schnell. Sollten Sie also eine Tour in der kühleren Jahreszeit planen (Näheres dazu im Kapitel »Wintercamping«), werden Sie mit einer Isobutankartusche deutlich mehr Freude haben.

Propan

Propan verhält sich ähnlich wie Isobutan und eignet sich hervorragend für niedrigere Temperaturen. Im Campingfachhandel können Sie sich individuell beraten lassen, welche Gaskartusche sich für Ihr ganz persönliches Vorhaben am besten eignet. Setzen Sie eine Gaskartusche niemals direkter Sonneneinstrahlung aus – es besteht Explosionsgefahr! Achten Sie außerdem auf eine sichere Aufbewahrung, sodass die Kartusche nicht beschädigt werden kann.

Benzin

Für den Betrieb von benzinbetriebenen Campingkochern empfiehlt sich die Verwendung von Waschbenzin – auch bekannt unter dem Namen Reinbenzin. Sie erhalten es in verschiedenen Verpackungsgrößen zwischen 1 und 10 Litern. Waschbenzin hat vor allem den Vorteil, dass es beim Verbrennen bei Weitem nicht so unangenehme Gerüche verbreitet wie herkömmliches Benzin von der Zapfsäule, da es viel sauberer verbrennt.

Ethanol/Brennspiritus und Esbit

Brennspiritus hat einen geringen Heizwert und eignet sich deshalb ebenfalls nicht für niedrige Temperaturen. Außer in seiner herkömmlichen flüssigen Form gibt es ihn auch als Brennpaste oder als Trockenspiritus, bekannt als Esbit (Abkürzung für Erich Schumms Brennstoff in Tablettenform).

Vor allem Letzteres ist praktisch, da es sich aufgrund der Beschaffenheit und des sehr geringen Gewichts gut transportieren lässt. Esbit erinnert in seiner Beschaffenheit an Grillkohle-Anzünder.

Holz

Für die Freunde der Ursprünglichkeit und für die besonders Naturverbundenen unter Ihnen gibt es auch das: Campingkocher mit Holz als Brennstoff. Für den Betrieb ist es vollkommen ausreichend, trockene Zweige und kleine herabgefallene Äste zu sammeln – der Brennstoff ist also in der Natur nahezu überall verfügbar. Ebenfalls ist es möglich, sich aus leeren Konserven beispielsweise einen eigenen Camping-Holzofen zu bauen – im Internet finden Sie zahlreiche Anleitungen dafür.

Wohnbereich und Alltag

Unter diesem Punkt lässt sich wohl alles erfassen, was den Campingalltag gemütlich macht und zweckdienlich ist. Nicht nur der Wohnwagen oder das Wohnmobil, sondern insbesondere auch das Vorzelt zählt zum Wohnbereich, indem es den Platz erweitert und eine optimale Nutzung ermöglicht. Lassen Sie uns im Folgenden einen Blick darauf werfen, wie Sie aus Ihrem Campingfahrzeug in Kombination mit dem Vorzelt einen behaglichen und doch nicht ganz alltäglichen Urlaubsort machen können.

Insbesondere bei einem Urlaub mit Dachzelt kann das Vorzelt ein wichtiger Ort sein, da es beispielsweise bei Regenwetter anstelle des Autos oder des Dachzelts als Rückzugsort mit Sitzmöbeln und großzügigem Platzangebot dienen kann. Doch was genau wird dafür benötigt? Wie Sie Ihr Campingfahrzeug oder Dachzelt ausstatten, ist natürlich in erster Linie eine Frage Ihrer persönlichen Vorlieben und was Sie für Ihren individuellen Komfort im Campingurlaub benötigen: Da wäre zum einen die Auswahl der Campingmöbel, die in vielfältiger Auswahl verfügbar sind. Waren es bis vor einigen Jahren lediglich die allseits bekannten Camping-Klappstühle mit verschiedenen Motiven und Klapptische aus Resopal, bietet der Campingfachhandel heute einiges mehr. Es hat eine beachtliche Weiterentwicklung stattgefunden, sodass Sie bei der Suche nach Ihrer Wohnbereichsausstattung sicher fündig werden.

Im Folgenden erhalten Sie einen Überblick über die verschiedenen Möbel und Einrichtungsgegenstände. Eines haben jedoch alle Modelle gemeinsam: Sie bestehen aus leichten und gut zu transportierenden Materialien, was den Alltag auf Reisen erleichtert und für gemütliche Stunden sorgt.

- Faltstühle mit Getränkehalterung
- Aufblasbare Lounge-Sessel
- Hängematten aus Leinen oder Nylon
- Camping-Liegen, faltbar
- Tische in vielen Formen, Farben und Größen
- Faltschränke, die ebenso als Tisch oder Wäschesammler verwendet werden können
- Gardinen für Wohnmobil und Caravan

Das sind nur ein paar von unzähligen Artikeln, die der Fachhandel sowohl online als auch vor Ort zu bieten hat. Bei näherem Umsehen werden Sie sicher noch mehr finden, was Ihnen persönlich zusagt und sinnvoll erscheint.

Nun müssen Ihre Campingmöbel natürlich auch untergebracht und sicher transportiert werden. Auch darauf ist der gut sortierte Handel vorbereitet: mit einer großen Auswahl an Campingboxen aus Aluminium oder Plastik, in denen Ihre Möbel zusammengeklappt oder gefaltet Platz finden. Diese Boxen sind in unterschiedlichen Größen erhältlich, sodass Sie je nach Ihren persönlichen Anforderungen sicher fündig werden.

Was natürlich in den Abendstunden ebenfalls nicht fehlen darf: die richtige Beleuchtung. Auch in diesem Punkt hat der Fachhandel verschiedene Lösungen für Ihren Campingurlaub im Angebot. Nachfolgend erhalten Sie einen Überblick zu unterschiedlichen Lampen. Neben ausgefallenen Designs sind auch wahre Alleskönner dabei – lassen Sie sich inspirieren und überraschen:

- ein Klassiker ist die Petroleumlampe, geeignet für den Außenbereich
- Gaslampen, betrieben mit Camping-Gaskartusche
- batteriebetriebene Lampen mit USB-Ladestelle für das Smartphone
- Solarlampen

Für alle Arten von Lampen lässt sich sagen, dass sie in vielfältigen Ausführungen erhältlich sind. Sei es als Hängelampe oder als Tischlampe – einige Modelle lassen sich auch in mehreren Varianten anwenden. Abgerundet wird diese Vielfalt durch allerlei Arten von Stirn- und Taschenlampen. Sehen Sie sich in Ruhe im Fachhandel vor Ort oder online um, und treffen Sie Ihre Entscheidung ganz nach Ihrem Geschmack und Ihren individuellen Bedürfnissen.

Die Energieversorgung der verschiedenen Campinglampen erfolgt über USB, mit Batterien oder Brennstoffen wie Gas oder Petroleum.

Bei der weiteren Ausgestaltung des Wohnbereichs sind Ihrer Fantasie kaum Grenzen gesetzt. Nur auf eines muss dringend geachtet werden: auf die sichere Unterbringung der Einrichtungsgegenstände während der Fahrt. Auch für kleinere Gegenstände sind diverse Aufbewahrungsboxen erhältlich, in denen alles sicher verwahrt und transportiert werden kann. Zusätzlich steht natürlich auch noch der Stauraum im Caravan oder Wohnmobil zur Verfügung.

Schlafbereich

Nach einem abenteuerlichen Tag und gemütlichem Ausklang ist eine erholsame Nacht wichtig, um für neue Unternehmungen gerüstet und erholt zu sein. In diesem Abschnitt erhalten Sie einen Überblick darüber, was Sie für die Gestaltung eines gemütlichen und komfortablen Schlafbereichs tun können.

Gut zu wissen: Wenn Ihnen die herkömmlichen Matratzen im Campingfahrzeug in puncto Komfort nicht zusagen, können sie gegen hochwertigere Modelle aus Kaltschaum oder Viskose ausgetauscht werden. Der Besuch im Fachgeschäft für Campingbedarf ist hier unausweichlich, da die Betten im Wohnmobil oder Caravan in der Regel keine herkömmlichen Maße aufweisen. Es werden spezielle Matratzen im passenden Format benötigt.

Bei der Wahl der Decken und Kissen können Sie ganz nach Ihren persönlichen Wünschen und Vorstellungen wählen. Sie können entweder Decken und Kissen von zu Hause mitführen, oder Sie entscheiden sich für einen warmen und zweckdienlichen Schlafsack. Tagsüber können die Betten entweder zu Tischen und Sitzgelegenheiten umgebaut werden, oder Sie verstauen das Bettzeug im Stauraum und legen eine Tagesdecke auf die Matratze – zusammen mit ein paar dekorativen Kissen ein schöner Platz zum Lesen oder Entspannen tagsüber.

Für den Fall, dass der Schlafbereich mit einer Vorhangschiene versehen ist, stellt dies auch eine gute Möglichkeit dar, diesen Bereich aufzuwerten. Passend gewählte Gardinen sorgen für einen abgetrennten Schlafbereich, in dem Sie wunderbar zur Ruhe finden. Sehr praktisch ist diese Einteilung auch für den Fall, dass Sie mit Kindern im Campingurlaub sind: Hinter einem Vorhang finden die Kinder zur Ruhe, während die Erwachsenen noch im Wohnbereich oder im Vorzelt sitzen bleiben können.

Essbereich

Für die täglichen Mahlzeiten bieten sich der Innen- und Außenbereich gleichermaßen an. Vielleicht sagt Ihnen als Essbereich sogar das Vorzelt mehr zu, falls Sie dort mehr Platz zur Verfügung haben. Vor neugierigen Blicken auf den Teller sind Sie im Vorzelt immer noch ausreichend geschützt. Über das passende Essgeschirr haben Sie bereits das Wichtigste erfahren: Es sollte aus leichtem, bruchsicherem Material bestehen und sich gut im Campingfahrzeug unterbringen lassen.

Einem schön gedeckten Tisch steht mit dem passenden Geschirr und den passenden Trinkgefäßen nichts mehr im Wege. Je nach persönlichem Geschmack können Sie den Tisch noch mit einem leicht zu reinigenden Wachstischtuch versehen.

Um die Oberflächen zu schonen, empfiehlt es sich außerdem, für die heißen Töpfe oder Schüsseln Untersetzer zu verwenden.

Zu bedenken ist beim Essen im Wohnwagen oder im Außenbereich, dass dadurch leicht Ameisen angelockt werden können. Dieser Plage können Sie jedoch beikommen, indem Sie in einigen Metern Abstand zum Essbereich kleine Schälchen mit Essig platzieren oder mit einer Sprühflasche Essigwasser in der Nähe versprühen. Diesen Geruch mögen Ameisen nämlich überhaupt nicht! Gleiches gilt für Minze. Im Internet finden Sie noch zahlreiche andere Hausmittel, mit denen Sie Ameisen wieder loswerden oder gleich auf Abstand halten können.

Hausapotheke

Für kleinere Verletzungen und sonstige Unpässlichkeiten ist es wichtig und sinnvoll, eine Hausapotheke an Bord zu haben. Im Folgenden erhalten Sie einen Überblick zu allem, was in Ihre Hausapotheke gehört. Bitte bedenken Sie auch: Der Verbandskasten sollte nicht die Hausapotheke ersetzen, sondern Unfällen auf freier Strecke vorbehalten sein. Sollte dennoch etwas daraus entnommen worden sein, bitte so bald wie möglich ersetzen. Übrigens: Für die Erste Hilfe auf Ausflügen und Wanderungen gibt es kleine Erste-Hilfe-Taschen, die in jeden Rucksack passen oder sogar am Gürtel befestigt werden können.

INHALT DER HAUSAPOTHEKE

Arzneimittel gegen:

- Schmerzen und Fieber
- Durchfall und Erbrechen
- Reisekrankheit
- Husten, Halsschmerzen, Schnupfen
- Heuschnupfen
- bekannte Allergien
- Wund- und Heilsalbe
- Gel gegen Insektenstiche und Sonnenbrand
- Salbe gegen Verstauchungen
- Salbe gegen Verbrennungen

Verbandsmaterial:

- Mullbinden
- Kompressen
- Verbandswatte
- elastische Binden inklusive Verschlussklammern
- Wundpflaster Strips in unterschiedlichen Größen und Formen
- Blasenpflaster
- Heftpflaster
- Dreiecktuch
- Brandwunden – Verbandspäckchen
- Verbandsschere
- Sicherheitsnadeln

Sonstiges:

- digitales Fieberthermometer
- Kühlkompresse
- Einweghandschuhe
- Pinzette
- Zeckenkarte
- Insekten-Abwehrspray

Für Urlauber mit kleineren Kindern empfiehlt es sich, speziell auf die Bedürfnisse von Kindern ausgerichtet zu sein. Um den Überblick zu behalten, können Sie Arzneien und Hilfsmittel für Kinder in einem Extrabehältnis unterbringen. Bitte achten Sie bei allen Arten von Hausapotheken auf eine kindersichere Aufbewahrung.

Kontrollieren Sie die Hausapotheke für den Campingurlaub spätestens vor der Abreise, um nicht mit abgelaufenen Medikamenten unterwegs zu sein.

Körperpflege und WC-Artikel

Auch im Campingurlaub, der uns der Natur wieder näherbringt, soll dieser Bereich nicht vernachlässigt werden. Es ist empfehlenswert, dass jeder Mitreisende seinen eigenen Kulturbeutel hat, da sich hier die Vorlieben sehr individuell unterscheiden. Im Folgenden erhalten Sie dennoch eine Checkliste dazu, was für den Campingurlaub besonders wichtig und hilfreich sein kann:

- Handtücher und Strand-Badetücher aus Mikrofaser – diese haben die Eigenschaft, sehr schnell wieder zu trocknen, wenn sie nach der Nutzung aufgehängt werden; nasse Handtücher im Caravan oder Wohnmobil kann man sich so ersparen
- hochwertiger Sonnenschutz mit hohem Lichtschutzfaktor
- Zahnbürstenhülle aus hygienischen Gründen
- Hand-Hygienegel
- Seifendose mit Deckel
- Taschenspiegel
- Nagelschere und Nagelfeile in einer Aufbewahrungsdose
- Solarduschen, falls keine Dusche im Campingfahrzeug vorhanden ist. Besonders für die Dachzelt Nutzer unter Ihnen eine sinnvolle Anschaffung.
- Shampoo
- Duschgel

Um Gewicht und Platz zu sparen, ist es eine Überlegung wert, auf festes Shampoo und festes Duschgel zurückzugreifen – so können Sie nebenbei auch Plastikmüll vermeiden.

Nützliche Kleinteile

Darunter lässt sich alles verstehen, was Ihnen nach individuellem Bedarf nützlich erscheint oder sich schon im Alltag bewährt hat. Folgende Aufzählung ist daher beliebig erweiterbar:

- Nähset bestehend aus: Nähnadeln in verschiedenen Stärken, Faden, Sternzwirn, Schere, Sicherheitsnadeln, Gummiband – auch einige Ersatzknöpfe sind sinnvoll
- Multitool für die Hosentasche
- Panzertape für kleinere Reparaturen
- Kabelbinder als multifunktionale Befestigungshilfe
- wasserabweisender Notizblock und Kugelschreiber
- Wäscheleine
- Taschenlampe
- Stirnlampe
- Kerzen
- Streichhölzer

Während der Fahrt – oder: Der Weg ist das Ziel

In diesem Kapitel können Sie sich über alles kundig machen, was Sie beim Erreichen Ihres Urlaubsziels unterstützt und weiterbringt. Das Kapitel gliedert sich in folgende Punkte:

- Wählen Sie Ihr Navigationssystem
- Mobiles Gerät
- Smartphone-App zu Navigation
- Bei streikender Technik: Nutzen Sie die gute alte Landkarte
- Stellplatzsuche: Camping-Apps und ihre Möglichkeiten
- Ihr Umgang mit Natur und Umwelt
- Wie Sie Abfall und Abwasser richtig entsorgen
- So achten Sie beim Camping auf Nachhaltigkeit
- Einkaufen und kochen

Auswahl des Navigationssystems

Wenden wir uns zuerst der Auswahl des Navigationssystems zu. In einigen Wohnmobilen sind bereits Navigationsgeräte vorhanden und fest installiert. Sollte Ihnen das aus bestimmten Gründen nicht zusagen, gibt es auch ein großes Angebot an mobilen Geräten, die Sie auch für Ihren Pkw verwenden können.

Der Markt bietet hier mittlerweile Geräte, die speziell auf die Bedürfnisse von Campingreisenden ausgerichtet sind. Diese Navigationssysteme bieten unter anderem Kartenmaterial für viele Länder und berücksichtigen bei der Auswahl der Strecke Größe und Gewicht Ihres Fahrzeugs oder Gespanns. Auch die Nutzung von Musikstreaming-Diensten über Ihr Smartphone lässt sich mit diesen Systemen realisieren. Ebenso sind Navigationssysteme für Camper bei der Stellplatzsuche und der Vermeidung von Mautstrecken behilflich. Es lohnt sich also, diese Möglichkeit in Betracht zu ziehen.

Doch bei allem praktischem Nutzen, den so ein System bietet, ist dennoch Umsicht bei der Handhabung gefragt: Auch die modernste Technik kann sich irren und ersetzt keinesfalls das menschliche Denken und Handeln.

Erhältlich sind diese Navigationssysteme im Campingfachhandel oder in entsprechenden Onlineshops. Bei gezielter Internetrecherche werden Sie bestimmt fündig.

Smartphone-Apps

Als Alternative zu fest installierten oder mobilen Geräten gibt es natürlich auch zahlreiche Smartphone-Apps, die zur Navigation verwendet werden können. Sollten Sie diese Möglichkeit in Betracht ziehen, achten Sie bitte darauf, ob die von Ihnen favorisierte App auch offline arbeitet. Es ist außerdem ratsam, sich bei der Auswahl einer Navigationsapp im Internet nach einem Ranking umzusehen, aus dem hervorgeht, welche Apps wirklich empfehlenswert sind. Wie in so vielen Punkten ist der Markt hierfür prall gefüllt, und gefühlt jede App erhebt natürlich den Anspruch, die beste zu sein.

Wenn Sie eine App gefunden haben, der Sie vertrauen und die Ihnen in allen Punkten zusagt, ist es ratsam, sie einem kleinen Test auf einer kurzen Strecke zu unterziehen. So können Sie sich ein Bild davon machen, wie gut die App in der Praxis arbeitet und funktioniert.

Landkarte in Papierform

Falls alle Stricke reißen und sowohl das Navigationsgerät wie auch das Smartphone ausfallen, sollten Sie auch die gute alte Landkarte in Papierform in Betracht zu ziehen. So unwahrscheinlich es Ihnen auch erscheinen mag – es können Situationen auftreten, in denen nur der Blick auf die Landkarte bleibt, um sich zu orientieren. Es ist also ratsam, für die von Ihnen gewählten Strecken entsprechendes Kartenmaterial griffbereit mitzuführen. Es ist schon länger her, dass Sie eine herkömmliche Karte verwendet haben? Dann machen Sie sich vor Antritt der Reise mit dem Lesen von Karten vertraut. Natürlich auch für den Fall, dass Sie bisher noch nie eine verwendet haben. Zusammengefasst lässt sich hierzu sagen: Lieber

Landkarten dabeihaben und nicht brauchen, als sie zu brauchen und nicht dabeizuhaben!

Stellplatzsuche: Camping-Apps und ihre Möglichkeiten

Auch in diesem Sektor hat der aktuelle App-Markt viel zu bieten! Eine App zur Unterstützung bei der Stellplatzsuche dient Ihnen unter anderem dazu, dass Sie mit Ihrem Wohnmobil oder Gespann einen Stellplatz finden, auf dem ausreichend Platz für Ihr Fahrzeug vorhanden ist. Außerdem kann per Filtereinstellung sichergestellt werden, dass Sie auf einem Platz auch stehen dürfen (auf einigen Stellplätzen sind nämlich ausschließlich Wohnmobile erlaubt). So können Sie für sich und Ihr Gespann gezielt nach passenden Stellplätzen suchen.

Je nach App haben Sie auch vorab schon die Möglichkeit, Bilder des Platzes sehen und sich ein Urteil bilden, ob er Ihnen zusagt. Auch Beurteilungen von anderen Nutzern sind in einigen Apps enthalten und bieten eine wertvolle Entscheidungshilfe. Ebenfalls wird in den meisten Apps angezeigt, ob es sich um einen kostenpflichtigen, kostenlosen oder privaten Stellplatz handelt.

Manche Stellplätze bieten ganz besondere Erlebnisse: Viele Landwirte, Weingutbesitzer oder Landgasthöfe haben Urlauber mit Gespann oder Wohnmobil als potenzielle Kundschaft für sich entdeckt und bieten einen Stellplatz für eine oder zwei Nächte in Verbindung mit einem Besuch der jeweiligen Lokalität. In vielen Apps wurde dieses Angebot mit ins Programm genommen, und Sie können nach Ihren persönlichen Vorstellungen entlang Ihrer Reiseroute nach Plätzen suchen, auf denen Sie und Ihre Familie auf dem Weg ans Ziel noch etwas Besonderes erleben können.

Auch die Ausstattung des Stellplatzes wird in der Regel ausführlich in der App beschrieben. Ein kleiner Tipp: Wie bei den meisten Apps haben Sie auch bei vielen Camping-Apps die Wahl zwischen einer kostenlosen oder einer kostenpflichtigen Version. Hier lohnt es sich in vielen Fällen, die kostenpflichtige Version zu installieren, denn sie bietet in der Regel zwei entscheidende Vorteile: Sie ist werbefrei und offline nutzbar. Vor allem Letzteres ist ratsam für den Fall, dass das mobile Internet ausfällt. Auch einige Funktionen sind in manchen Fällen nur in der Bezahlversion verfügbar. Eine App zur Stellplatz- oder Campingplatzsuche kann überaus nützlich sein. Am besten probieren Sie einige davon aus und entscheiden sich dann Ruhe für Ihren Favoriten.

Ihr Umgang mit Natur und Umwelt

In Zeiten des globalen Klimawandels ist der Umgang mit der Natur ein Thema, das nicht unerwähnt bleiben darf! Insbesondere bei einem Aufenthalt in der freien Natur ist es ein absolutes Muss, auf die Pflanzen- und Tierwelt verantwortungsvoll zu achten und ihr keinesfalls zu schaden. In den beiden nächsten Abschnitten soll es darum gehen, welchen Beitrag jeder Einzelne dazu leisten kann.

Wie Sie Abfall und Abwasser richtig entsorgen

Sicherlich versteht es sich von selbst: Abfälle müssen stets richtig getrennt und in den entsprechenden Behältern entsorgt werden. Stell- und Campingplätze sind in der Regel entsprechend ausgestattet. Die Entsorgung von Abwasser erfordert etwas mehr Aufmerksamkeit, denn es sind einige Dinge dabei zu beachten. Die anfallenden Abwässer werden in zwei Kategorien geteilt: Grauwasser und Schwarzwasser. Als Grauwasser gilt, was durch die Abflüsse von Dusche, Wasch- und Spülbecken in den Auffangbehälter für Grauwasser fließt. Schwarzwasser entsteht bei der Nutzung der Toiletten im Wohnmobil.

Die Entsorgung erfolgt auf Stell- und Campingplätzen, und auch manche Tankstellen bieten ihren Kunden Entsorgungsstationen an. Bitte achten Sie bei der Entsorgung darauf, die Behälter ausschließlich an den entsprechend gekennzeichneten Anlagen zu entleeren und auch nur dort zu säubern. (Eine Säuberung mit dem Frischwasserschlauch ist tabu, da es ansonsten zu einer Kontamination von Trinkwasser kommen kann!) Die Anlagen für Frisch- und Abwasser sind meistens in entgegengesetzter Richtung installiert. Zum einen aus hygienischen Gründen – und um eine Verwechslung oder ein Versehen weitestgehend auszuschließen.

Ebenfalls sollten Sie beachten, dass für Campingtoiletten kein herkömmliches, sondern spezielles Toilettenpapier benötigt wird, um Verstopfungen zu vermeiden. Außerdem müssen Toilettenchemikalien verwendet werden, um die Zersetzung zu beschleunigen. Beides erhalten Sie im Campingfachhandel oder im Baumarkt – bei einem gemieteten Wohnmobil gehören diese Artikel normalerweise zur Grundausstattung.

So achten Sie beim Camping auf Nachhaltigkeit

Nachhaltiges Handeln im Alltag und in der Freizeit hat in den vergangenen Jahren einen deutlich höheren Stellenwert erlangt. Das ist in vielerlei Hinsicht sehr erfreulich! Im Folgenden können Sie sich inspirieren lassen, was Nachhaltigkeit für Ihr Campingabenteuer bedeuten kann, und erfahren, wie es sich umsetzen lässt.

Beim Thema Küchenausstattung haben wir es bereits angeschnitten: Mit der Auswahl der richtigen Materialien können Sie viel Plastik einsparen und erhalten noch dazu meist eine hochwertige Qualität – ein Vorteil nicht nur für unseren Planeten, sondern auch für Sie, denn Nachhaltigkeit bedeutet im Idealfall auch Langlebigkeit. Lassen Sie uns einen Blick darauf werfen, an welchen Stellen Sie sonst noch nachhaltige Entscheidungen treffen können.

- Für Wildcamper: Bleiben Sie nicht länger als einen oder zwei Tage am selben Ort, um das Gleichgewicht der Natur nicht übermäßig zu stören. Dass der anfallende Müll wieder mitgenommen wird, versteht sich sicher von selbst.
- Auch bei der Auswahl des Campingplatzes ist es mittlerweile möglich, auf Nachhaltigkeit zu achten. Nachhaltige Campingplätze achten unter anderem auf Folgendes:
  - » Luft sauber halten
  - » Belastung von Böden und Gewässern vermeiden
  - » Wasser sparsam verwenden
  - » naturverträgliche Gestaltung der Campinganlage und die Förderung von Artenvielfalt (insekten-freundliche Blühwiesen und Bäume)
  - » Berücksichtigung der Natur bei Freizeitangeboten

Wenn Sie bei der Suche nach einem Campingplatz den Begriff »Nachhaltigkeit« als Suchbegriff miteinbeziehen, erhalten Sie bestimmt interessante und hilfreiche Resultate.

Was Sie sonst noch beachten können:

- Stromverbrauch reduzieren und wenn möglich vermeiden.
- Biologisch abbaubare Seifen, Shampoos und Duschgel verwenden. Es gibt mittlerweile ein breites Angebot an festen Seifen und weiteren Mitteln zur Körper- und Zahnpflege. Diese sind nicht nur in aller Regel biologisch abbaubar, sondern kommen auch ganz ohne Plastik aus – sowohl was den Inhalt betrifft als auch bei der Verpackung.
- Zum Wäschewaschen sind auch zahlreiche nachhaltige Produkte erältlich. Mit der Wahl eines nachhaltigen Waschmittels schonen Sie nicht nur die Umwelt, sondern sparen auch einiges an Gewicht und Stauraum im Campingfahrzeug. Zu den nachhaltigen Waschmitteln gehören beispielsweise Waschnüsse oder Waschblätter. Letztere sind ein festes Waschmittel in Form eines kleinen Blatt Papiers, das sich ohne viel Platzaufwand transportieren lässt. Erhältlich ist dieses Produkt in den meisten Drogeriemärkten, enthalten sind üblicherweise 15 bis 20 Blätter.
- Zum Wäschewaschen außerhalb von Campingplätzen sind faltbare Waschschüsseln erhältlich. (Waschen oder trocknen Sie Ihre Wäsche stets außerhalb des Campingfahrzeugs. So verhindern Sie, dass sich in den Innenräumen Feuchtigkeit ansammelt.)
- Mit Bienenwachstüchern anstelle von Frischhaltefolie oder Alufolie können offene Lebensmittel abgedeckt werden.
- Für den Einkauf von Obst und Gemüse gibt es wiederverwendbare Netze aus Baumwolle, die sehr langlebig sind.

Zum Thema »Einkaufen und Zubereitung von Mahlzeiten« unterwegs erfahren Sie im Folgenden mehr.

Einkaufen und kochen

Auch beim Einkaufen unterwegs können Sie viel für das Klima tun und nachhaltig handeln. Richtig umgesetzt bedeutet nachhaltiges Einkaufen auch einen Vorteil für Ihre Gesundheit. Besonders hervorheben möchte ich an dieser Stelle die immer mehr werdenden Hofläden, die Ihnen vor allem in ländlicher Gegend entlang der Landstraßen begegnen werden.

Dort bekommen Sie viele Zutaten für frische und ausgewogene Mahlzeiten. Vielleicht ist sogar ein unerwarteter Besuch auf dem angeschlossenen Bauernhof möglich? Mit etwas Glück geben die Besitzer ihr Einverständnis, dass Sie dort spontan für eine Nacht mit Ihrem Wohnmobil oder Ihrem Gespann stehen dürfen – gerade wenn Sie mit Kindern unterwegs sind, kann das ein willkommenes Abenteuer sein! Sie können einen solchen Aufenthalt auch bewusst in Ihre Reiseplanung einbeziehen, denn viele Bauernhöfe mit Hofladen bieten Stellplätze für eine oder zwei Nächte an.

Ein weiterer Pluspunkt in Sachen Nachhaltigkeit: In Hofläden können Sie viele Waren ohne Verpackung oder zumindest ohne Plastik verpackt kaufen. Im Internet finden Sie zahlreiche Rezepte, wie Sie im Campingurlaub unkompliziert und trotzdem gesund und nachhaltig kochen können. Viele Rezepte sind als »One-Pot-Gerichte« konzipiert, sodass Sie nicht viel Platz bei der Zubereitung brauchen und keinen großen Aufwand betreiben müssen. Auch für den Grill eignet sich so einiges: Gemüse in einer leckeren Marinade ist ebenso schmackhaft wie eine gegrillte Folienkartoffel mit Dip.

An Ihrem Zielort oder auch bei einem Zwischenstopp unterwegs kann es ein richtiges Erlebnis sein, den örtlichen Wochenmarkt zu besuchen. Dort bekommen Sie nicht nur frisches, regionales Obst und Gemüse, sondern auch Eier aus Freilandhaltung, Käse, Honig und vieles mehr. Zudem haben Wochenmärkte mit ihren farbenfrohen Markisen und den vielfältigen Auslagen einen unverwechselbaren Charme, den Sie sich nicht entgehen lassen sollten. Vielleicht kommen Sie auch mit dem einen oder anderen Marktbeschicker ins Gespräch und erfahren so noch einige Neuigkeiten oder Geheimnisse der Urlaubsregion. Auch für Kinder sind Wochenmärkte ein tolles Erlebnis.

Sie sind endlich am Ziel: ankommen und ausspannen

Nachdem Sie nun eine interessante und hoffentlich gute Fahrt hatten, sind Sie am Ziel Ihrer Wahl angekommen. Lassen Sie uns in diesem Kapitel einige Inspirationen zusammentragen, wie es ein unvergesslicher und vor allem erholsamer Urlaub für alle Beteiligten wird. Folgenden Themen widmet sich dieses Kapitel:

- Digital Detox: Machen Sie eine Pause von der ständigen Erreichbarkeit und der pausenlosen Präsentation aller Lebenslagen
- Schaffen Sie sich Raum für Spontaneität
- Genießen Sie die Ruhe und Natur
- Erkunden Sie Ihre Umgebung mit allen Sinnen
- Besuchen Sie die örtliche Touristeninformation: Welche Ziele sind einen Besuch wert?

Digital Detox

Wer sich für einen Campingurlaub entscheidet, hat sicher mehr als nur einen guten Grund dafür. Vielen von Ihnen mag es vielleicht so ergehen: Die ständige Erreichbarkeit und andersherum in den sozialen Medien stets präsent sein zu müssen, all das kann einem bisweilen auch über den Kopf wachsen und hat sich für viele Menschen zu einer Art permanenter Verpflichtung entwickelt.

Vielleicht haben Sie gelegentlich auch das Gefühl, jeder Ihrer Kontakte erhebt den Anspruch auf eine sofortige Reaktion auf eine Nachricht oder ein Bild, das er gepostet hat, und erwartet im Gegenzug auch von Ihnen, dass Sie regelmäßig ein Update zu Ihrer momentanen Lebenslage liefern.

Ein Campingurlaub bietet Ihnen die Gelegenheit, von dieser ständigen Erreichbarkeit auch einmal Pause zu machen, wenn Sie dies wünschen.

Vielleicht war genau das auch einer Ihrer persönlichen Beweggründe, sich für einen Campingurlaub zu entscheiden?

Planen Sie in diesem Fall bewusst Zeiten ein, in denen das Smartphone genutzt wird, und vor allem: wofür. Unterwegs mag das noch schwierig sein – vor allem wenn Sie Apps zur Navigation oder Stellplatzsuche verwenden. Wahrscheinlich kennt jeder Nutzer dieses Phänomen: Eigentlich wollte man nur kurz einen Blick auf eine bestimmte App oder auch nur auf die Uhrzeit werfen, und ehe man es sich versieht, hat man eine ganze Stunde am Smartphone verbracht. Natürlich ohne wirklich auf die Uhr zu schauen!

Wenn Sie jedoch am Urlaubsort angekommen sind, bietet sich sehr wohl die Chance, das Smartphone oder Tablet bewusst aus dem Alltag ein Stück weit zu verbannen. Auf Urlaubsschnappschüsse müssen Sie deswegen selbstverständlich nicht verzichten: Eine Digitalkamera schafft in diesem Punkt Abhilfe. Um Ihre engsten Freunde und Angehörigen keine Sorgen zu bereiten, wenn Sie plötzlich sehr viel seltener online sind als gewöhnlich, können Sie diese Menschen vor dem Urlaub darüber informieren, dass Sie eine Zeit lang nicht wie gewohnt erreichbar sind.

Digital Detox kann Ihnen unerwartet viel Raum für andere Dinge bieten, die Sie vielleicht in der Vergangenheit immer gerne gemacht haben und die allmählich in den Hintergrund gedrängt wurden: Womöglich gibt es das eine oder andere Buch, das schon lange auf dem Stapel der ungelesenen Büchern liegt und das Sie eigentlich so gerne lesen würden? Wann haben Sie das letzte Mal ein Gesellschaftsspiel gespielt? Digital Detox bietet Raum dafür und noch für viel mehr. Sicher fallen Ihnen selbst noch Dinge ein, die in Ihrem normalen Leben schon lange keinen Raum mehr gefunden haben.

Schaffen Sie Raum für Spontaneität

Im Alltag mögen wir es gewohnt sein, dass alles seinen festen Regeln und Abläufen folgt – schließlich geben Pläne und Rituale unserem Leben Sicherheit, die der Mensch nun mal braucht. Doch wenn der Tag allzu starr geplant und durchgetaktet ist, entgeht Ihnen womöglich das Schöne abseits der üblichen Pfade.

Der Urlaub, insbesondere der Campingurlaub, ist eine großartige Gelegenheit, der Spontaneität neuen Raum zu geben. Im Urlaub ist ohnehin schon einiges anders als sonst. Und damit ist der erste Schritt in Richtung Spontaneität bereits getan. Doch wie lässt sich der Raum dafür noch erweitern? Beispielsweise indem Sie nicht zu viele Aktivitäten im Vorfeld planen und auf der Ausführung unter allen Umständen beharren. Lassen Sie Ihre Umgebung ganz in Ruhe auf sich wirken und geben Sie spontanen Impulsen gerne mal nach.

Sie entdecken beispielsweise auf einem Spaziergang oder einer Wanderung eine Sehenswürdigkeit oder Freizeitanlage, auf die Sie kein Reiseführer und keine Internetpräsenz aufmerksam gemacht hat? Der Besuch ist eigentlich gar nicht geplant? Verlassen Sie in solchen Fällen ruhig einmal den festen Weg Ihres Tagesplans, und statten Sie dem unerwarteten Ziel trotzdem einen Besuch ab. Denn wer weiß, ob und wann so eine Gelegenheit wiederkommt? Wer weiß, was Ihnen entgehen würde, wenn Sie auf den Besuch verzichten?

Oder ein anderes Beispiel: Sie wollten eigentlich abends selbst etwas kochen, kommen aber dann an einem gemütlichen, einladenden Gasthof vorbei? Vertagen Sie das Kochen getrost auf den nächsten Tag, und statten Sie dem Gasthof einen Besuch ab.

Zusammenfassend lässt sich sagen: Zu viele Pläne vernichten die Spontaneität! Wenn jeder einzelne Tag getaktet und durchgeplant ist, bleibt sie auf der Strecke. Was natürlich nicht heißen muss, dass Sie überhaupt nichts planen sollen. Doch so viel Schönes entdecken Sie auch von ganz alleine, wenn Sie Ihren Urlaubsort aufmerksam betrachten – vor allem, wenn Sie die Umgebung zu Fuß oder mit dem Fahrrad erkunden.

Lassen Sie sich einfach auf Ihre Umgebung ein, und Sie werden sehen, was sie alles zu bieten hat. Ob Sie es nun geplant haben oder nicht – vieles ist schon da und wartet nur auf Sie!

Genießen Sie die Ruhe und die Natur

Viele Camping- und Stellplätze im In- und Ausland liegen diesbezüglich äußerst günstig. Oft ist es von Ihrem Platz aus nur ein Katzensprung, und Sie sind im Wald, am Strand oder im ländlichen Gebiet. Eine willkommene Gelegenheit, Körper und Seele zur Ruhe kommen zu lassen und sich zu erholen. Um noch einmal auf die ausgetretenen und gewohnten Pfade zurückzukommen: Lassen Sie sich von weniger schönem Wetter nicht aufhalten. Es mag auf den ersten Blick nicht sehr komfortabel und alltäglich erscheinen, bei Wind und Regen einen Spaziergang in der Natur zu machen (es sei denn, Sie sind HundehalterIn) – Sie werden jedoch überrascht sein, welche Wirkung die Natur auch dann – oder vielleicht gerade dann – hat, wenn kein Kaiserwetter herrscht.

Die Natur bietet unendlich viele Möglichkeiten, zur Ruhe zu kommen. Sie können beispielsweise einen Picknickrucksack zusammenstellen, eine Decke und ein Buch mitnehmen und einfach in den Tag hineinleben. Ohne Pläne. Ohne Zeit- oder Termindruck. Ganz so, wie es früher für Sie als Kind in den Ferien war. Die einzigen Grenzen waren die eigenen, körperlichen oder die Tatsache, dass es dunkel wurde und die Müdigkeit sich meldete. Ist es nicht ein verlockender Gedanke, dass es wieder so sein könnte? Im Campingurlaub liegt dieses Glück so nahe. Und noch besser: Es kostet in der Regel nichts, bietet jedoch unendlich viel.

Erkunden Sie Ihre Umgebung mit allen Sinnen

Sehen, Hören, Riechen, Tasten und Schmecken. Wie lassen sich unsere fünf Sinne ganz bewusst in den Urlaub integrieren, was können sie uns alles vermitteln? Wer dieser Frage nachgeht, wird mit dem großen Geschenk vieler lebendiger Erinnerungen die Heimreise antreten. Die einzige Voraussetzung: Schenken Sie Ihren Sinnen muss ausreichend Aufmerksamkeit, um ein bewusstes Erleben und Abspeichern der gewonnenen Eindrücke zu ermöglichen!

Um an dieser Stelle nochmals auf Digital Detox zurückzukommen: Ablenkung durch Smartphone, Tablet und Social Media ist dabei eher hinderlich. Für Erinnerungsfotos leistet auch eine Digitalkamera mit ausreichend Speicherplatz allerbeste Dienste.

Lassen Sie die neue Umgebung bewusst und in Ruhe auf sich wirken. Nehmen Sie sich die Zeit, die Sie brauchen, um die Welt um Sie herum mit allen Sinnen wahrzunehmen. Das Sehen der Umwelt, das Hören der Geräusche, das Riechen der vielleicht neuen und unbekannten Gerüche, das Ertasten des Sandes, der Baumrinden oder der Steine, das Schmecken der regionalen Gerichte und Gewürze – dies sind nur einige Beispiele, wie Ihre Wahrnehmung Ihr Urlaubserlebnis positiv beeinflusst und lebendig werden lässt.

Besuchen Sie die örtliche Touristeninformation: Welche Ziele sind einen Besuch wert?

Nachdem Sie nun in aller Ruhe sowohl physisch als auch psychisch an Ihrem Urlaubsort angekommen sind und ihn bereits erkundet haben, bleibt Ihnen im Idealfall immer noch die Zeit, sich nach weiteren lohnenswerten Zielen zu erkundigen – das eine oder andere haben Sie vielleicht doch noch nicht gesehen. Eine gute Anlaufstelle, um sich nach Sehenswürdigkeiten und Ausflugszielen in der Nähe zu erkundigen, ist die Touristeninformation. Wenn Sie auf einem Campingplatz stehen, kann man Ihnen dort in der Regel sagen, wo sich die örtliche Touristeninformation befindet, wenn Sie diese nicht schon selbst bei Ihren Erkundungstouren entdeckt haben.

Bevor wir uns nun dem Exkurs »Unterwegs mit Hund« zuwenden, wünsche ich Ihnen und Ihrer Familie an dieser Stelle eine erholsame und schöne Zeit am Urlaubsort Ihrer Wahl. Möge es ein toller und unvergesslicher Urlaub werden – auf ganzer Linie!

Exkurs: Unterwegs mit Ihrem Hund

Gerade ein Urlaub mit Caravan oder Wohnmobil ist wie geschaffen für die Hundehalter unter Ihnen. Vielleicht war Ihr vierbeiniger Hausgenosse sogar der entscheidende Grund, sich gegen ein Hotel oder ein Ferienhaus zu entscheiden. Sofern Sie nicht in Ihrem eigenen Campingfahrzeug unterwegs sind, haben Sie ein Mietfahrzeug gefunden, in dem Hunde erlaubt sind. Einer schönen Zeit mit den zwei- und vierbeinigen Familienmitgliedern steht also nichts mehr im Wege. Dennoch gibt es einige Punkte im Vorfeld zu bedenken. Im Folgenden können Sie sich einen Überblick darüber verschaffen, was es alles zu beachten gilt:

- Einreisebestimmungen des Urlaubslandes (benötigte Impfungen, Hundeverordnungen des Landes)
- Welches Futter für unterwegs?
- ein schöner Schlafplatz für Ihren Hund
- sicherer und bequemer Transport Ihres Hundes
- tierärztliche Versorgung im Notfall
- hundegerechte Ausflüge und Aktivitäten
- Checkliste

Sofern Sie sich für einen Auslandsurlaub entschieden haben, sollten Sie sich unbedingt über die geltenden Einreisebestimmungen für Hunde im Urlaubsland erkundigen. Belastbare Informationen bekommen Sie bei Ihrem Tierarzt, der zuständigen Botschaft oder beim Zoll. Nach wie vor haben einige Länder Rasselisten, welche die Einreise für bestimmte Hunde erschweren oder unmöglich machen. Sollte Ihr Hund auf einer solchen Liste stehen oder seine Rasse unklar sein, ist es anzuraten, sich für ein anderes Ziel zu entscheiden.

Ihr Tierarzt kann Ihnen auch sagen, welche Impfungen Ihr Hund für einen Grenzübertritt braucht, und kann ihm diese auch verabreichen. Bitte bedenken Sie auch, dass es für manche Impfungen Wartezeiten gibt, die eingehalten werden müssen, ehe Sie in ein bestimmtes Land einreisen dürfen. Genaue Auskunft diesbezüglich bekommen Sie von Ihrem Tierarzt.

Auch die Frage, ob Ihr Hund einen Mikrochip oder eine Tätowierung benötigt, kann Ihnen der Tierarzt beantworten. Der Chip hat die Tätowierung mittlerweile weitgehend abgelöst, auf der sicheren Seite sind Sie, wenn Sie sich in Ihrer Tierarztpraxis erkundigen.

Der blaue EU-Heimtierpass ist in den meisten EU-Ländern Pflicht. Diesen Pass bekommen Sie heute automatisch, wenn Sie Ihren Hund impfen und chippen lassen.

Für den Fall, dass Sie ein Campingfahrzeug gemietet haben, kann es je nach Vermieter erforderlich sein, dass Sie für Ihren Hund eine Haftpflichtversicherung abgeschlossen haben und die Versicherungspolice vorzeigen können.

Welches Futter für unterwegs?

Am besten ist es für die meisten Hunde, wenn sie auch im Urlaub das bekommen, was sie von zu Hause kennen. Im Einzelfall wissen Sie als HalterIn des Hundes am besten, ob er einen Wechsel vertragen kann oder eher nicht. Praktisch für unterwegs ist natürlich Trockennahrung. Damit können Sie sich bedarfsgerecht eindecken, denn von den meisten Sorten gibt es Packungsgrößen zwischen 5 und 20 Kilo, sodass Sie in etwa die Menge einpacken können, die Ihr Hund voraussichtlich für den Urlaub brauchen wird. 20 Kilo werden es in den meisten Fällen nicht sein, sodass Sie hier einiges an Gewicht sparen können.

Sollte Ihr Hund an Dosenfutter gewöhnt sein und wenn Sie ihm keinen Futterwechsel zumuten können oder möchten, muss der Futtervorrat beim Bepacken des Fahrzeugs unbedingt berücksichtigt werden. Je nach Größe, Alter und Aktivität des Hundes bedeutet Dosennahrung ein beachtliches Gewicht, das Sie vielleicht an anderen Stellen einsparen müssen, um eine Überlastung des Campingfahrzeugs zu verhindern.

Wenn möglich, packen Sie nicht den kompletten Bedarf gleich zu Beginn der Reise ein, sondern kaufen Sie am Urlaubsort Futter nach.

Ein schöner Schlafplatz für Ihren Hund

Der Hundeschlafplatz im Campingfahrzeug sollte wie zu Hause auch geschützt und behaglich sein. Im Idealfall platzieren Sie einen Schlafplatz, den Ihr Hund von zu Hause kennt, im Campingfahrzeug. Sollte dies aus Platzgründen nicht möglich sein, gibt es im Fachhandel für Haustierbedarf Reisebetten, die platzsparend, weich und komfortabel sind. Auf alle Fälle sollte sichergestellt sein, dass auch Ihr Hund seinen erholsamen Schlaf bekommt. Denn bestimmt stehen auch ihm einige Aktivitäten und viel Bewegung bevor, von denen er sich nachts erholen muss.

Für den Fall, dass Sie mit Ihrem Hund einen Wintercampingausflug planen, braucht er ein sehr gut isoliertes Bett und, je nach Fellbeschaffenheit, Alter und Gesundheitszustand, auch eine Jacke oder einen Pullover (siehe Checkliste).

Sicherer und bequemer Transport Ihres Hundes

Der Gesetzgeber sieht vor, dass auch ein Hund während der Fahrt gesichert sein muss, denn bei einer Vollbremsung könnte er so sehr durch das Fahrzeug geschleudert werden, dass er durch die Windschutzscheibe bricht. Die Verletzungen möchte man sich nicht ausmalen, darüber hinaus gefährdet so ein Vorfall auch die menschlichen Insassen.

Im Wesentlichen haben Sie zur Sicherung Ihres Hundes zwei Möglichkeiten: Sie können ihn mit einem Adapter für den Sicherheitsgurt in Kombination mit einem Geschirr sichern, oder Sie gönnen ihm eine geräumige Transportbox, in der Sie ihm einen gemütlichen Platz mit Decken und Kissen einrichten können. Eine solche Box kann bei geöffneter Türe auch als Schlafplatz oder als Rückzugsort tagsüber dienen. Während der Fahrt jedoch muss die Tür der Box auf alle Fälle geschlossen sein.

Falls Ihr Hund noch nie zuvor in einer Transportbox war, gewöhnen Sie ihn am besten schon vor Antritt der Reise daran, sodass er die Box als schönen und sicheren Ort kennt. Es ist im Interesse des Hundes und auch in Ihrem eigenen dringend anzuraten, dass der Hund ausreichend Zeit bekommt, sich an die Box zu gewöhnen. Bekommt er diese Zeit nicht, steht Ihnen und allen Beteiligten unter Umständen eine unruhige Reise bevor!

Wenn Sie mit einem Caravan auf Reisen sind, darf der Hund sich während der Fahrt nicht darin aufhalten. In diesem Fall kommt es ganz darauf an, wie viel Platz Ihr Zugfahrzeug bietet. Sollte es möglich sein, eine Transportbox unterzubringen, wäre das für Ihren Hund die bequemere Alternative, da er hier bei einer entsprechend großen Box mehr Bewegungsfreiheit hat als angeschnallt auf der Rückbank. Zudem ist er bei einem Unfall in seiner Box besser geschützt.

Steht die Transportbox im Wohnmobil, muss sie so gesichert sein, dass sie nicht in Bewegung gerät.

Sollte eine Box aus Platzgründen nicht machbar sein, bleibt nur die Spezialleine für den Sicherheitsgurt. Bitte lassen Sie sich in diesem Punkt im Fachgeschäft für Tierbedarf beraten. Eines sei an dieser Stelle schon gesagt: Bitte verwenden Sie diese Art der Sicherung niemals in Kombination mit einem Halsband, sondern stets mit einem hochwertigen Geschirr. So hat der Hund es nicht nur ein bisschen komfortabler, sondern ist im Falle einer Vollbremsung oder eines Aufpralls vor einer Strangulation oder Verletzungen der Halswirbelsäule besser geschützt.

Tierärztliche Versorgung im Notfall

Selbstverständlich hofft jede(r) HundehalterIn, dass es nicht nötig sein wird, einen Tierarzt zu konsultieren. Betrachten Sie es einfach als Prävention, sich im Vorfeld der Reise nach örtlichen Tierarztpraxen oder besser noch nach Tierkliniken umzusehen und sich die Nummer griffbereit zu notieren. In einer Tierklinik gibt es in der Regel immer einen Bereitschaftsarzt, der bereits vor Ort ist und Ihnen helfen kann.

Glücklicherweise gibt es inzwischen auch für HundehalterInnen Apps, die in einem Notfall oder am Wochenende bei der Suche nach Bereitschaftstierärzten helfen.

Viele HundehalterInnen unter Ihnen haben die Erfahrung vielleicht bereits hinter sich: In einem Notfall weiß man nicht, wo einem der Kopf steht, es kann schlichtweg eine Überforderung sein, in einem solchen Moment nach einem diensthabenden Tierarzt zu suchen. Umso besser, wenn Sie die richtige Nummer griffbereit haben oder wenn Ihnen die Technik diese

Sorge abnehmen kann. Sollten Sie für Ihren Hund eine Kranken- oder OP-Versicherung haben, führen Sie die Policen dafür am besten auch mit sich.

Hundegerechte Ausflüge und Aktivitäten

In diesem Punkt lässt sich eines sagen: Das Gute liegt so nah! Sie haben als Camper die Natur mit ausgedehnten Wanderwegen und auch kürzeren Spazierwegen in unmittelbarer Nähe. Sie kennen Ihren Hund auch am besten und wissen, an was er seine Freude hat. Seien es Apportier-, Such- oder Fährtenspiele – es lässt sich alles gut in den Alltag integrieren und durchführen. Seien Sie nur bitte umsichtig und rücksichtsvoll gegenüber der heimischen Tier- und Pflanzenwelt bei der Auswahl der Spielflächen.

Ihr Hund ist passionierter Schwimmer oder einfach gerne im Wasser? Dann bietet es sich an, viel Zeit an Hundestränden oder Badeseen zu verbringen, an denen Hunde zugelassen sind. Erkundigen Sie sich am besten nach hundefreundlichen Badestellen an Ihrem Urlaubsort im Vorfeld der Reise oder vor Ort, beispielsweise bei der Touristeninformation. Vielerorts wird inzwischen darauf eingegangen, dass insbesondere Campingurlauber in tierischer Begleitung unterwegs sind – dementsprechend gibt es auch hundegerechte Bade- und Freizeitangebote.

Ihr Hund gehört zu den ruhigeren, möglicherweise schon älteren Vertretern, die mit wenig Betrieb zufrieden sind? Dann bietet es sich beispielsweise an, gemeinsam einen schönen, schattigen Platz zum Verweilen, Lesen und Entspannen zu suchen. Auf alle Fälle hat der treue Hausgenosse und Mitbewohner es auch im Urlaub verdient, dass auf seine Bedürfnisse geachtet wird.

Von Freizeitaktivitäten, bei denen der Hund nicht mitdarf und allein im Campingfahrzeug bleiben muss, ist abzuraten. Zum einen wäre er dann womöglich viele Stunden allein, und zum anderen kann es in einem Caravan oder Wohnmobil sehr heiß werden, was die Gesundheit und schlimmstenfalls das Leben des geliebten Mitbewohners gefährdet. Das Gleiche gilt für den Fall, dass er einen Ort nicht betreten darf und draußen warten müsste. Beides ist absolut nicht im Sinne des Hundes.

Andererseits spricht nichts dagegen, mit Ihrem Hund Sehenswürdigkeiten wie Burgruinen oder Ähnliches zu besuchen, wenn ihm der Zutritt gestattet ist. Am Ende des Tages ist es unseren Hausgenossen ohnehin am wichtigsten, dass sie dabei sein durften und Zeit mit den wichtigsten Menschen verbracht haben, die es in ihrem Leben gibt – Ihrer Familie und Ihnen.

Checkliste

Wie schon für den menschlichen Bedarf gibt es auch für Hunde Checklisten, die im Internet heruntergeladen und ausgedruckt werden können. Neben diversem Zubehör kann darauf auch vermerkt werden, welche Medikamente ihr Hund dauerhaft in welcher Menge benötigt oder was in die Hunde-Hausapotheke gehört. Im Folgenden finden Sie einen allgemein gehaltenen Überblick, was für Hunde eingepackt werden sollte. Diese Liste ist sicherlich individuell erweiterbar, denn so wie wir Menschen individuell verschieden sind, sind es auch die Hunde und ihre Bedürfnisse.

- EU-Heimtierpass
- Versicherungspolice (Haftpflicht und, falls vorhanden, Kranken- und OP-Versicherungen)
- benötigte und verordnete Medikamente
- Telefonnummern für Notfälle
- Futter und Snacks
- Spielzeug
- Wasser- und Futternapf
- Faltbare Näpfe für Ausflüge
- Wasserflasche für unterwegs mit ausreichend Fassungsvermögen
- Kühlmatte oder Kühlhalsband im Sommer
- Schlafplatz
- Bürste/Kamm und Fellschere
- Pfotenbalsam
- Zeckenkarte

- Leine, Ersatzleine, Geschirr oder Halsband
- Schleppleine
- Regenmantel oder sonstige Kleidung nach Bedarf
- für die Hunde der Wintercamper unter Ihnen, je nach Alter, Fellbeschaffenheit und Gesundheitszustand: etwas Warmes, Wasserabweisendes für draußen, Wollpullover für die Nächte
- Hundetrockentuch aus Mikrofaser (schnell trocknend)
- Hausapotheke und Erste-Hilfe-Set für Hunde, lassen Sie sich diesbezüglich bitte von Ihrem Tierarzt beraten

Exkurs Wintercamping – eine ganz besondere Reise

Das Stichwort »Campingurlaub« verbinden die meisten Menschen mit Frühjahr, Sommer und vielleicht noch mit den letzten Sommer- und den ersten Herbsttagen – was aber keinesfalls bedeuten muss, dass Sie sich auf diese Jahreszeiten beschränken müssen! Wintercamping ist in vielerlei Hinsicht ein spannendes und faszinierendes Erlebnis. In diesem Kapitel können Sie sich mit dem Thema Wintercamping vertraut machen und alles erfahren, was Sie wissen sollten.

In folgende Punkte ist das Kapitel gegliedert:

- Zuerst die gute Vorbereitung: Ist Ihr Campingfahrzeug wintertauglich?
- Die richtige Ausrüstung für Ihr Wintererlebnis
- Finden Sie einen Urlaubsort im Inland
- Lernen Sie schöne Ziele in Österreich kennen
- Norwegen oder Schweden: Besuchen Sie das Reich der Polarlichter
- Mieten Sie ein Wohnmobil am Zielort
- Winterliche Aktivitäten für Ihren persönlichen Geschmack

Ist Ihr Campingfahrzeug wintertauglich?

An erster Stelle sei erwähnt, dass Sie nicht nur für den Pkw, sondern auch für ein Wohnmobil und für einen Caravan Winterreifen benötigen. Es gibt auch Länder und Regionen, in denen das Mitführen von Schneeketten vorgeschrieben ist. Auf welchen Strecken das Anbringen von Schneeketten Pflicht ist, sehen Sie an den entsprechenden Verkehrsschildern – alternativ können Sie sich auch im Internet kundig machen.

Da es sowohl in Deutschland als auch im benachbarten Ausland solche Streckenabschnitte geben kann, sollten Sie Schneeketten in ausreichender Anzahl dabeihaben. Sie planen einen Winterurlaub in einem Nachbarland? Dann erkundigen Sie sich auf der offiziellen Seite des Landes, bei der entsprechenden Botschaft oder beim Zoll darüber, welche Vorschriften aktuell gültig sind.

Was gilt es außerdem noch zu beachten, um einen angenehmen Aufenthalt im Schnee zu haben? Wie bei allen anderen Fahrten auch sind in jedem Fall die Gasvorräte zu überprüfen und gegebenenfalls auch aufzustocken. Vermutlich wird Ihr Verbrauch bei einem winterlichen Campingausflug höher ausfallen, da Sie nicht nur heizen, sondern auch eine größere Menge heiße Getränke und Mahlzeiten zubereiten werden als im Sommer.

Bitte achten Sie bei der Auswahl der Gassorte darauf, dass sie mit niedrigen Temperaturen zurechtkommt. An dieser Stelle eine Erinnerung an zwei Gassorten, die sich gut für kalte Tage eignen:

Isobutan

Isobutan hat mit einem deutlich besseren Siedepunkt von -11,7 °C den Vorteil, auch bei niedrigen Temperaturen seinen Druck aufrechtzuerhalten – die Flamme erlischt also bei Weitem nicht so schnell. Somit haben Sie mit Isobutan eindeutig die besseren Karten als beispielsweise mit Butan.

Propan

Propan verhält sich ähnlich wie Isobutan und eignet sich somit ebenfalls für niedrigere Temperaturen.

Ein nützliches Werkzeug für die Gasversorgung im Winter ist ein sogenanntes Duo-Kontrollsystem. An dieses System werden zwei Gasflaschen angeschlossen. Ist die erste Flasche leer, schaltet das Kontrollsystem auf die zweite Falsche um, ohne dass Sie die Flaschen extra austauschen müssen. Im Campingfachhandel werden Sie dazu ausführlich beraten.

Natürlich möchte auch beim Wintercamping keiner kalte Füße haben – hier leisten Isomatten, die auf dem Fußboden ausgelegt werden, sehr gute Dienste. Wer möchte, kann noch ausgemusterte Flickenteppiche oder Ähnliches darüberlegen, was nebenbei auch für ein wohnliches Ambiente sorgt. Auch durch die Fenster kann eisige Luft dringen – ein Problem, das Sie aber mit speziellen Isoliermatten für Wohnmobil- oder Caravan-Fenster umgehen können.

Das Vorzelt sollte auch auf einer winterlichen Campingreise nicht fehlen. Auch wenn Sie sich darin wahrscheinlich nicht den ganzen Abend aufhalten und Ihre Mahlzeiten einnehmen werden, leistet das Vorzelt dennoch gute Dienste.

Vielleicht werden Sie Ihr Vorzelt im Winterurlaub sogar als unentbehrlich zu schätzen lernen, da es einiges an Kälte von Ihrem Campingfahrzeug fernhält und als zusätzlicher Stauraum überaus nützlich ist. Ideal ist ein beheiztes Vorzelt: Darin können Sie wunderbar nasse Kleidung und Handtücher trocknen. (Erledigen Sie das besser nicht im Fahrzeug, da sich die entstehende Feuchtigkeit darin sammelt und für unerfreuliche Nebeneffekte sorgt.)

Ein kleiner Tipp: Lassen Sie die nassen Schuhe im Vorzelt, und stopfen Sie sie mit Zeitungspapier aus. Auf diese Art sind sie schneller wieder trocken.

Im Campingfachhandel sind spezielle Wintervorzelte erhältlich, die für die Winterfreunde unter Ihnen auf jeden Fall eine Überlegung wert sind.

Ebenfalls ein wichtiger Schritt, um den Camper wintertauglich zu machen: die Wasserleitungen vor dem Einfrieren schützen. Ideal sind beheizbare Wassertanks, damit fällt diese Sorge weg. Hat Ihr Campingfahrzeug diese Ausstattung nicht, können nachträglich Heizspiralen eingebaut werden.

Ein bisschen schwieriger gestaltet sich der Schutz des Abwassertanks, denn dieser ist in vielen Fällen nicht beheizbar. Hier bietet es sich stattdessen an, die Abwässer direkt in einem untergestellten Gefäß (Eimer oder Ähnliches) aufzufangen und häufiger zu entsorgen, damit es nicht zu schwer wird. Ein wenig Frostschutzmittel in den Abflüssen bietet zusätzlichen Schutz vor dem Einfrieren.

Sollten Sie auf einem Campingplatz stehen, bietet es sich in den Wintermonaten an, den Stromanschluss in Anspruch zu nehmen – ansonsten muss die Fahrzeugbatterie den Strom für die Innenbeleuchtung und weitere Geräte liefern, was bei der Abfahrt für eine böse Überraschung in Gestalt einer leeren Batterie sorgen kann. Wie zu Hause findet auch beim Wintercamping vieles eher im Inneren als im Außenbereich statt, was einen erhöhten Stromverbrauch mit sich bringt.

Was ist ansonsten noch zu überprüfen und zu erledigen? Ein Überblick:

- Funktionsfähigkeit der Heizung und des Herdes
- Zustand der Glühkerzen
- Beleuchtung inklusive Standlicht
- Frostschutz, Öl, Bremsflüssigkeit
- Scheibenwischer und Scheibenwischergummis
- Fahrzeugbatterien
- Fenster- und Türgummis mit einem lösungsmittelfreien Pflegemittel behandeln: Gut geeignet ist zum Beispiel Vaseline.
- Frostschutz für das Scheibenwasser einfüllen. (Das Mittel sollte für Temperaturen von mindestens -25 °C geeignet sein.)
- Hubstützen mit salzwasserresistentem Winschenfett behandeln
- Sind die Plaketten für TÜV, AU und Gas noch gültig?
- Fahren Sie mit Ihrem Campingfahrzeug in die Waschanlage, und behandeln Sie es anschließend mit einer Oberflächenversiegelung.
- Für die Radläufe und bodennahen Teile des Rahmens empfiehlt sich die Anwendung von Unterbodenwachs.

Sollten Sie sich die Durchführung der hier genannten Punkte ganz oder teilweise nicht selbst zutrauen, ist das überhaupt nicht schlimm: In Werkstätten für Pkw, Caravans oder Wohnmobile hilft man Ihnen gerne weiter. Auch dann, wenn Sie einiges bereits selbst durchgeführt haben, ist es ratsam, das Fahrzeug nochmals einer Überprüfung durch eine Werkstatt unterziehen zu lassen. Damit sind Sie auf der sicheren Seite und erleben keine unangenehmen Überraschungen.

Die richtige Ausrüstung für Ihr Wintererlebnis

Was Sie alles für ein gelungenes Wintercampingerlebnis im Gepäck haben sollten, erfahren Sie in diesem Abschnitt. Über die Gasversorgung, die Notwendigkeit von Winterreifen und von Schneeketten sind Sie bereits informiert. Doch um nicht zu frieren oder von Schneemassen überwältigt zu werden, ist noch einiges mehr erforderlich. Im Folgenden ein Überblick, was für ein schönes Wintercamping Erlebnis nicht fehlen darf:

- warme Bettdecken und zusätzliche Wolldecken
- eventuell zusätzlich warme Schlafsäcke für extrem kalte Nächte
- wintertaugliche Bettwäsche, beispielsweise aus Flanell oder Biber
- Thermoskanne und Thermobecher
- Skihandschuhe
- Schneehose
- Winterjacke (für jede Person zwei, damit immer eine trocknen kann)
- warme Socken und Einlegesohlen (gibt es auch beheizbar)
- warme und hochwertige Hausschuhe
- hochwertige, warme Mützen (auch hiervon sollten auf jeden Fall mehrere für jede Person eingepackt werden)
- Handwärmer für die Jackentasche
- winterfeste Rucksäcke für Ausflüge
- Stirnlampe und Taschenlampe mit Ersatzbatterien
- Überbrückungskabel
- Eiskratzer und Handfeger mit Teleskopstange, um die Heck- und Frontscheiben gut zu erreichen
- eine Leiter, um das Dach von Schnee zu befreien
- Klappspaten oder Schneeschaufel
- Besen
- Holzbretter in ausreichender Stärke zum Unterlegen, um bei Tauwetter nicht im Matsch stecken zu bleiben

- Türschlossenteiser (bitte nicht im Fahrzeuginneren aufbewahren, im Fall der Fälle ist er dort wenig hilfreich)

Als zusätzliche Wärmequelle oder für den Fall, dass die Gasversorgung vorübergehend trotz sorgfältiger Planung nicht zur Verfügung steht, leistet ein elektrischer Heizlüfter gute Dienste.

Allerdings sind diese Geräte in den meisten Fällen echte Stromfresser, die Verwendung sollte daher sparsam erfolgen und die Ausnahme bleiben.

Finden Sie einen Urlaubsort im Inland

Für viele Interessierte unter Ihnen mag die Entscheidung bereits gefallen sein: Es geht in den Skiurlaub, zum Rodeln oder Snowboardfahren. Das ist naheliegend und ganz bestimmt auch ein tolles Erlebnis. Vielleicht aber suchen Sie noch anderweitige Inspiration zur Wahl des Urlaubsorts?

Bitteschön – hier ein kleiner Überblick zu lohnenden Zielen im Winter:

An der Nordsee

Im Gegensatz zu den Sommermonaten haben Sie begehrte Urlaubsorte an der Nordsee ziemlich für sich allein, wenn Sie dort Wintercamping machen. Sei es auf Sylt, in Cuxhaven oder St. Peter-Ording – die Strände, die Wellen und das Meer warten mit ihrer winterlichen Pracht und einer ganz besonderen Atmosphäre auf Ihren Besuch! Vielerorts können Sie auch im Winter eine geführte Wattwanderung unternehmen, sich danach in einem typisch friesischen Gasthaus mit einem Tee, Kakao oder Grog aufwärmen und den Anblick der weitläufigen Landschaft genießen. Ein Wintertag an der Nordsee lässt sich schwer in Worte fassen – Sie müssen das einfach selbst erleben.

Einige Camping- und Stellplätze haben auch im Winter geöffnet. Eine rechtzeitige Buchung und Reservierung sind anzuraten, auch wenn aller Voraussicht nach kein sehr großer Betrieb herrscht. Letztlich kann es nicht ganz ausgeschlossen werden, dass auch andere die Idee haben, den Winter in Ruhe zu genießen.

Auch oder ganz besonders für die Winterzeit gilt: Gehen Sie niemals alleine ins Watt, es besteht akute Lebensgefahr!

An der Ostsee

Die Ostsee unterscheidet sich in vielen Punkten von der Nordsee – eines jedoch haben Ost- und Nordseeküste im Winter gemeinsam: Die großen Urlauber- und Wohnmobilfluten sind in den Wintermonaten nicht zu befürchten. Sie haben also viel Ruhe, den Anblick der überwältigenden Landschaft und weitläufige Strände für ausgedehnte Spaziergänge. Auch die Nationalparks an der Ostseeküste sind im Winter lange nicht so gut besucht, was einen entspannten Aufenthalt ermöglicht.

Wie auch an der Nordsee ist es ratsam, rechtzeitig einen Platz zu buchen und zu reservieren.

Im Allgäu

Hier kommen die Wintersportler unter Ihnen voll auf ihre Kosten. Doch nicht nur Ski-, Snowboard- und Schlittenfahrer dürfen sich hier angesprochen fühlen: Sie können auch Wanderungen unternehmen und den beeindruckenden Blick auf die Berggipfel genießen. Auch viele Sehenswürdigkeiten im Innen- und Außenbereich sind im Winter zugänglich – die Betreiber freuen sich in diesem Fall sicher über Ihren Besuch. Das Gleiche gilt für bewirtschaftete Almhütten.

Achten Sie bei der Auswahl Ihrer Ausflugsziele darauf, dass Sie keinen sehr weiten Weg zurücklegen müssen. Denn auch mit Taschenlampen, Stirnlampen und der allerbesten Ausrüstung ist es gefährlich, von der Dunkelheit überrascht zu werden. Planen Sie Ihre Ausflüge so, dass Sie vor Einbruch der Dunkelheit zurück bei Ihrem Campingfahrzeug sind.

Auch in dieser Urlaubsregion finden Sie Campingplätze, die den Winter über geöffnet sind. Eine rechtzeitige Buchung und Reservierung sind auch hier ein guter Rat.

Lernen Sie schöne Ziele in Österreich kennen

Auch im benachbarten Ausland warten wunderschöne winterliche Urlaubsziele mit zahllosen Möglichkeiten auf Sie. Gerade in Österreich haben viele Betreiber von Campingplätzen die Wintercamper für sich entdeckt und ihre Plätze dementsprechend ausgestattet. Werfen Sie einen Blick nach Tirol: Ob es Sie ins Zillertal, ins Ötztal oder ins Stubaital zieht – Sie werden überall Campingplätze finden, die auf Wintercamper vorbereitet sind. Viele bieten sogar 5-Sterne-Niveau – mit Wellnessbereich, Sauna, Wasch- und Trockenräumen, einem hochwertigen Sanitärbereich und vielem mehr.

Das österreichische Bundesland Kärnten hat für viele Vorlieben in puncto Wintersport ebenfalls viel zu bieten. Sie können dort beispielsweise eine Skischule besuchen oder, wenn Sie schon Erfahrung als Skifahrer haben, sich gleich auf die Piste begeben. Die zahlreichen Seen, die im Winter zugefroren sind, laden außerdem zum Schlittschuhlaufen ein. Oder Sie machen eine schöne Wanderung – ganz wie Sie möchten. Winterfeste Campingplätze mit entsprechender Ausstattung werden Sie auch in dieser Region finden.

Das Salzburger Land wartet vor allem auf Familien mit Kindern – denn hier steht das Rodeln an erster Stelle! Für passionierte Skifahrer gibt es hier aber auch die passenden Strecken, so kommen alle auf ihre Kosten. Und auch hier im Salzburger Land warten zahlreiche Campingplätze, die auf Wintergäste eingerichtet sind.

Norwegen oder Schweden: Besuchen Sie das Reich der Polarlichter

NORWEGEN

Wintercamping wird in Norwegen nicht nur von Urlaubern, sondern ganz besonders auch von den Einheimischen betrieben. Sie finden daher sicher auch hier einen geöffneten Campingplatz. Aber Achtung: Aufgrund der hohen Beliebtheit von Wintercamping ist hier eine frühzeitige Reservierung unerlässlich.

Eine größte Faszination Norwegens liegt zweifellos in der Betrachtung der Polarlichter. Je weiter nördlich Sie sich befinden, desto größer ist die Chance, in den Genuss dieses überwältigenden Anblicks zu kommen. Die besten Monate hierfür liegen zwischen Oktober und März – dunkle Monate in Norwegen, was aber durch die Massen an Schnee abgemildert wird. Es ist ein faszinierendes Bild: eine unendliche nächtliche Schneelandschaft, durch vom flackernden Polarlicht gekrönt wird, wenn es am Himmel erscheint. Leider kann Ihnen niemand diesen Anblick garantieren – die Wahrscheinlichkeit ist in nördlicher Lage und in den genannten Monaten aber um einiges höher als in den Sommermonaten. Im Folgenden können Sie Bekanntschaft mit einigen Regionen in Norwegen machen, wo die Chancen auf dieses Lichtspektakel besonders gut stehen.

Da der Norden Norwegens auf dem Landweg nicht ganz einfach zu erreichen ist, empfiehlt es sich, mit dem Flugzeug ab Oslo oder aus Schweden anzureisen und vor Ort ein Wohnmobil zu mieten. Mehr dazu im Abschnitt »Wohnmobil am Zielort mieten«.

Als Alternative bietet sich an, an Bord des »Hurtigruten«-Küstendampfers anzureisen – nicht der schnellste Weg, aber dennoch ein Erlebnis, an das Sie bestimmt gerne zurückdenken werden.

TROMSØ UND DIE LYNGENALPEN

Hier haben Sie in den genannten Monaten nicht nur gute Chancen auf Polarlichter, sondern auch auf einmalige Naturerlebnisse. In den Fjorden lassen sich trotz der Lichtverhältnisse mit etwas Glück Orcas und Buckelwale beobachten. Außerdem gibt es hier eine Seilbahn (Fjellheisen-Seilbahn), die Ihnen einen ausgezeichneten Blick auf die Umgebung und vor allem auf die Polarlichter ermöglicht.

BODØ

Als weniger bekannter Ort bietet Bodø nicht nur gute Chancen, Polarlichter zu sehen, sondern auch auf etwas mehr Ruhe abseits der üblichen Pfade. Der kleinere Bekanntheitsgrad bedeutet jedoch nicht, dass hier nichts weiter geboten wird. Bodø ist eine Küstenstadt, in der Sie nicht nur das Himmelsspektakel und die norwegische Natur bestaunen, sondern wo Sie auch norwegische Kunst, Kultur und Küche erleben können. Auch hier ist es aufgrund der nördlichen Lage am besten, wenn Sie mit dem »Hurtigruten«-Dampfer oder mit dem Flugzeug anreisen.

ALTA

Alta ist einer der Orte, den Sie auch ohne Flugreise erreichen können. Sie können zwar von Oslo oder Tromsø fliegen, es gibt jedoch auch eine Busverbindung, die Sie durch die beeindruckende norwegische Landschaft an Ihr Ziel bringt. Alta bezeichnet sich selbst als Stadt der Nordlichter und bietet nicht nur gute Chancen auf deren Anblick, sondern noch einiges mehr: zum Beispiel die einzigartige Nordlicht-Kathedrale, die nach dem Vorbild des farbenfrohen Himmelsschauspiels gestaltet wurde. Darüber hinaus finden Sie hier Gastronomie, Einkaufsmöglichkeiten und Museen.

Wie schon bei allen anderen Zielen für Wintercamping ist es auch für Norwegen unerlässlich, entsprechend mit der passenden Kleidung und Ausrüstung unterwegs zu sein. Das wird vor allem dann ein zentrales Thema, wenn Sie sich längere Zeit im Freien aufhalten und Polarlichter betrachten – nicht gerade eine körperlich anstrengende Beschäftigung; es ist also ratsam, so dick wie möglich angezogen zu sein und für alle Beteiligten genügend heiße Getränke bereitzuhalten.

Ob Sie nun vor Ihrem Wohnmobil oder an einem anderen Ort daran teilhaben wollen – mit der richtigen Ausstattung steht einem unvergesslichen Erlebnis nichts mehr im Wege!

Falls Sie mit den Polarlichtern kein Glück hatten oder nicht länger auf deren Erscheinung warten möchten, bietet Norwegen auch eine Vielzahl an Wintersportgebieten. Lillehammer beispielsweise dürfte in vielen Ohren noch die Erinnerung an die Winterolympiade 1994 wachrufen. In und um Lillehammer finden Sie nicht nur Skipisten, sondern auch eine gute Auswahl an Campingplätzen.

Des Weiteren sind die Region Telemark und jene um Oslo für Wintercamping und Wintersport zu empfehlen.

SCHWEDEN

REGION SCHWEDISCH LAPPLAND

Für alle, die Wintercamping in Schweden mit der Betrachtung von Polarlichtern verbinden möchten, ist die weitläufige Region Schwedisch Lappland ein geeignetes Ziel. Eine gute Zeit dafür ist zwischen Anfang September und Ende März. Was Campingplätze in Schwedisch Lappland betrifft: Sie werden bei Ihrer Recherche im Internet fündig, bitte achten Sie jedoch darauf, dass der Platz Ihrer Wahl auch in der Nebensaison geöffnet hat.

Schwedisch Lappland ist nicht nur ein guter Ort zur Beobachtung der Aurora Borealis, wie das Polarlicht auch genannt wird – die Region gilt auch als Europas letzte Wildnis: weitläufige, beeindruckende Natur und Nationalparks, die nur spärlich von Menschen besiedelt sind.

Wissenswert für die Jagd nach Polarlichtern: Es gibt inzwischen verschiedene Apps zum Downloaden, die Sie mit Vorhersagen unterstützen, ähnlich wie eine Wetter-App.

Fernab von Schwedisch Lappland bietet Schweden auch zahlreiche Möglichkeiten für Wintersport und Wintercamping, unter vielen anderen in diesen Regionen:

PROVINZ JÄMTLAND IN NORDSCHWEDEN

In der Provinz Jämtland in Nordschweden finden Sie nicht nur Campingplätze, sondern aufgrund der geografischen Beschaffenheit auch viele Skipisten. Haupt- und Verwaltungsort der Provinz ist Östersund, wo Sie unter anderem das samische Museum und das frühere Zentrum Jämtlands, das heute auf der Insel Frösun liegt, besichtigen können.

VÄSTERGÖTLAND/WESTSCHWEDEN

Mit Västergötland/Westschweden wartet eine weitere facettenreiche schwedische Provinz auf Ihren Besuch. Ein Besuch lohnt sich hier zu jeder Jahreszeit. Campingplätze gibt es reichlich, nur denken Sie bitte auch hier an eine rechtzeitige Buchung/Reservierung. In der Umgebung von Göteborg kommen Wintersportler auf ihre Kosten. Aber auch diejenigen unter Ihnen, die Winterwanderungen unternehmen oder diverse Sehenswürdigkeiten besuchen möchten, werden in dieser abwechslungsreichen Provinz auf ihre Kosten kommen.

Mieten Sie ein Wohnmobil am Zielort

Gerade wenn Sie sich für ein weiter entferntes Urlaubsland entschieden haben, das am besten mit dem Flugzeug erreichbar ist, macht es Sinn, erst vor Ort ein Wohnmobil zu mieten. Die Vorteile liegen auf der Hand: Sie übernehmen ein einsatzbereites Wohnmobil, das bereits auf Fahrtauglichkeit überprüft wurde, Sie müssen nur noch Ihr Gepäck darin verstauen und es kann losgehen. Die benötigte Ausrüstung können Sie hinzubuchen, sofern es sich um einen gewerblichen Verleiher handelt. Außerdem gehört vieles, wie die Ausstattung der Küche, oft auch zur Grundausstattung, je nach Anbieter.

Zudem sparen Sie die Fährkosten, die der Transport des eigenen Wohnmobils mit sich bringen würde. Bitte planen Sie mit einem ausreichend großen Zeitfenster, damit Sie auch für die von Ihnen gewählte Urlaubsregion das passende Fahrzeug finden: Zwei bis drei Monate im Vorfeld dürfen es durchaus sein.

Es gibt im Internet zahlreiche Seiten, auf denen Sie Ihr Campingfahrzeug in der gewünschten Größe, Ausstattung und für die jeweilige Urlaubsregion finden können.

Winterliche Aktivitäten nach Ihrem persönlichen Geschmack

Fällt das Stichwort winterliche Aktivitäten, mögen viele LeserInnen unter Ihnen in erster Linie an diverse Sportarten wie Skifahren, Langlauf, Snowboardfahren oder Rodeln denken. Wenn Ihnen das aber nicht zusagt, oder wenn Sie lieber etwas anderes erleben und ausprobieren möchten, sind Sie keineswegs auf diese Sportarten festgenagelt. Die kalte und weiße Jahreszeit bietet noch so viel mehr. Hier einige Inspirationen:

- Geführte Wanderungen
- Besuch eines Nationalparks
- Besuch in einer typisch bayrischen oder österreichischen Almhütte
- Indoor-Workshops zu unterschiedlichen winterlichen Themen
- Eislaufen gehen
- Ob mit großen oder kleinen Kindern: eine Schneefigur oder ein Schneeiglu bauen
- Seilbahn fahren und die Aussicht genießen
- In einigen Urlaubsregionen können Sie eine Fahrt mit einem Pferdeschlitten buchen
- Falls es Sie nach Schweden oder Norwegen zieht: Erkundigen Sie sich nach einer Fahrt mit Schlittenhunden
- Für einen ruhigen Tagesausklang: gemütliches Beisammensein im Campingfahrzeug mit heißen Getränken und winterlichen Mahlzeiten
- Ein Buch lesen, das schon lange auf Sie gewartet hat

Sollte Ihre winterliche Campingreise in die Weihnachtszeit fallen, warten viele sehenswerte Weihnachtsmärkte auf Ihren Besuch. Sicher geben Ihnen die Betreiber des Campingplatzes oder die Touristeninformation gerne nähere Auskünfte.

Was Sie nach der Fahrt beachten müssen

An dieser Stelle wünsche ich Ihnen, dass Sie eine spannende, abwechslungsreiche, erholsame und schöne Zeit im Campingurlaub hatten. Leider geht auch der schönste Urlaub mal vorüber, und es geht an die »Nachsorge«. In diesem Kapitel erfahren Sie nicht nur alles zu den entsprechenden Maßnahmen, Sie erhalten auch Informationen für den Fall, dass Sie Ihr eigenes Wohnmobil vermieten möchten.

Um folgende Punkte geht es genau:

- Abstellen des Wohnmobils oder des Wohnwagens
- Rückgabe des gemieteten Wohnmobils
- Vermietung Ihres eigenen Wohnmobils
- Reinigung Ihres Wohnmobils oder Caravans
- Fit für den Winter: So schützen Sie die Wohneinheit vor Frost und Kälte

Abstellen des Wohnmobils oder des Wohnwagens

Sofern es sich um Ihr eigenes Fahrzeug handelt, brauchen Sie einen geschützten Abstellplatz. Am besten steht Ihr Fahrzeug natürlich in Ihrer eigenen Einfahrt oder, noch besser, in einem Carport oder Garage. Alternativen dazu: Sie mieten einen Stellplatz oder eine Garage. Unter welchen Voraussetzungen Ihr Wohnmobil oder Caravan an öffentlichen Straßen oder auf öffentlichen Parkplätzen stehen darf, entnehmen Sie bitte dem aktuellen Bußgeldkatalog. Dieser Punkt hängt von unterschiedlichen Faktoren ab, wie beispielsweise dem Gewicht des Fahrzeugs, der Zulassung und der Art des Kennzeichens. Sollten Sie einen Stellplatz oder Ähnliches gemietet haben, ist es anzuraten, dass er sich nicht zu weit von Ihrem Zuhause entfernt befindet – das erspart Ihnen einen weiten Anfahrtsweg, wenn es in den nächsten Urlaub gehen soll.

Rückgabe des gemieteten Wohnmobils

Auch in diesem Punkt gibt es einiges zu beachten. Es folgt eine Auflistung, wie Sie bei der Rückgabe vorgehen können. So ist anzuraten, dass Sie sich vor der Abgabefrist einen oder zwei Tage Zeit nehmen, sich um alles Nötige zu kümmern, damit Sie an diesem Punkt nicht in vermeidbaren Stress geraten. Was ist alles zu erledigen? Ein kurzer Überblick.

- Alles, was von zu Hause mitgebracht wurde, kehrt nach dem Urlaub dorthin zurück

Zu reinigen ist Folgendes:

- Fußböden
- Armaturenbrett
- Kochstelle
- Schränke inklusive Kühlschrank
- Sanitärbereich
- Abfälle entsorgen
- Grauwassertank an einer Entsorgungsstation leeren
- Frischwasser, sofern welches übrig ist, an geeigneter Stelle entsorgen (es droht sonst Algenbildung im Frischwassertank)
- Campingtoilette an einer Entsorgungsstation leeren
- Volltanken nicht vergessen
- Mit dem Verleiher ein Übergabeprotokoll ausfüllen

Vermietung Ihres eigenen Wohnmobils

Vielleicht ist Ihnen der Gedanke schon durch den Kopf gegangen, dass Sie Ihr Wohnmobil vermieten könnten, wenn Sie es längere Zeit nicht selbst nutzen. Es ist nicht von der Hand zu weisen, dass der Unterhalt eines Wohnmobils mit einigen Kosten einhergeht, die Sie durch eine Vermietung teilweise kompensieren können. Als Vermieter stehen Ihnen verschiedene Wege offen, wie Sie Interessenten finden können.

- Sie schalten eine Kleinanzeige in der Zeitung oder einer Camperzeitschrift oder achten auf Mietgesuche.
- Sie registrieren sich auf einer Onlineplattform für das Mieten und Vermieten von Campingfahrzeugen.
- Sie bieten Ihr Fahrzeug im Freundeskreis oder der Familie an.

Als Vermieter eines Wohnmobils reicht die einfache Wohnmobilversicherung nicht aus; Sie benötigen noch einige Policen mehr, um Ihr Wohnmobil weitergeben zu dürfen. Bitte sprechen Sie die Details mit Ihrer Versicherung ab. Als Vermieter sind Sie unter bestimmten Voraussetzungen dazu verpflichtet, Steuern ans Finanzamt zu bezahlen. Auf der sicheren Seite sind Sie in diesem Punkt, wenn Sie ein Kleingewerbe anmelden und dem Finanzamt Ihre Einnahmen mitteilen. Wenn Sie eine(n) vertrauenswürdige(n) MieterIn gefunden haben, weisen Sie ihn oder sie sorgfältig in die Nutzung Ihres Fahrzeuges ein.

Reinigung

Wie schon bei der Rückgabe eines gemieteten Wohnmobils ist es in Ihrem eigenen Interesse ratsam, das Fahrzeug gründlich zu reinigen. So ersparen Sie sich zu Beginn der nächsten Fahrt einige Unannehmlichkeiten. Ein kurzer Überblick:

- Campingtoilette kurz vor der Ankunft zu Hause an einer Entsorgungsstation leeren
- Grauwassertank leeren
- Übriges Frischwasser für den Garten nutzen

- Betten abziehen und Matratzen lüften
- Alle Schränke und Staufächer komplett ausräumen
- Kühlschrank entleeren, wischen und die Türe einen Spalt geöffnet lassen
- Küche und Sanitärbereich reinigen
- Staubsaugen oder fegen
- Durchwischen
- Alle Fenster schließen
- Fahrzeug von außen waschen
- Abschließen nicht vergessen

Fit für den Winter: So schützen Sie die Wohneinheit vor Frost und Kälte

- Eine der größten Gefahren beim Überwintern des Wohnmobils oder Caravans besteht darin, dass sich in einem der Tanks noch vergessenes Wasser befindet. Um hier Frostschäden zu vermeiden, kontrollieren Sie vor der Winterpause unbedingt alle Wassertanks. Es wird außerdem empfohlen, die Wasserhähne nicht zu schließen, sondern halb geöffnet zu lassen. Wenn alle Wassertanks geleert sind, kann die Pumpe ausgeschaltet werden.
- Denken Sie auch daran, den Boiler zu leeren!
- Das Wasser für die Scheibenwischer und das Kühlwasser sollte mit Frostschutz behandelt werden.
- Die Batterien des Wohnmobils müssen vor vollständiger Entladung geschützt werden. Am besten laden Sie sie komplett auf und laden danach alle vier bis acht Wochen nach. Wenn die Möglichkeit besteht, machen Sie Ihr Wohnmobil am besten stromlos, indem Sie den Hauptschalter umlegen.
- Auch die Gasflaschen sollten nicht im Wohnmobil oder Caravan überwintern, sondern ausgebaut und sicher gelagert werden.

- Pumpen Sie die Reifen so voll wie möglich aufgepumpt und stellen Sie, falls möglich, das Fahrzeug auf seine Stützen.
- Als zusätzlicher Schutz für Wohnmobil oder Caravan sind Abdeckplanen erhältlich, unter denen das Fahrzeug überwintern kann. Achten Sie hierbei jedoch darauf, dass die Plane nicht vollkommen luftdicht abschließt – die Luft muss darunter zirkulieren können, um Schäden am Fahrzeug zu vermeiden.
- Bevor der Caravan oder das Wohnmobil sich in die Winterpause verabschiedet, gönnen Sie dem Fahrzeug auch von außen nochmals eine gründliche Reinigung.

Nun schließe ich diesen Ratgeber in der Hoffnung, Sie für das Abenteuer Campingurlaub begeistert zu haben. Sei es nun im Frühling, Sommer, Herbst oder Winter: Ich wünsche Ihnen allzeit gute Fahrt und viele positive Erlebnisse, Begegnungen und Erinnerungen!

Printed in Poland
by Amazon Fulfillment
Poland Sp. z o.o., Wrocław

30499590R00063